〈生かされ〉つつ〈生きる〉

――よく生きる知恵：断章98――

林　忠良

幼くして　母を亡くし
今　異郷に生きる娘たち
曜子と馨子に

断章Ⅰ

（一九九二）

1 〈問い〉を生きる

詩人R・M・リルケが、詩人をめざすある青年にあてて書いた手紙を集めた『若き詩人への手紙』は、彼の詩行を知らぬ者にも、多くのことを教えてくれる。

自分の書いた詩をあちらこちらへと送っては批評を求め、それに一喜一憂するその若者を戒めて、リルケはこう語る。もしほんとうの詩人を志すのであれば、外の批評や助言を求める前に、自らの内に入って、「あなたが書かずにいられない根拠を深くさぐって下さい。」自分の書くものが、いったい自分の心の最も深いところに根差しているかどうか、自分はそれをほんとうに書かなければならないのかどうか、それを静かに深く自分自身に尋ねよ、とすすめる。そして自分の内へとそれを深く探っていって、自分がほんとうに「書かなければならぬ」と言いうるものを掘りあてたら、こんどはそれを大切に守り育てつつ、その必然にしたがって、自らの生涯を刻み続けよ、と語る。そのようにして、自らの内に入って、自分自身の生命が湧き出てくる深い底を探ること、そこからほんとうの詩は生まれる、と言う。

だがそのためには、性急に〈答え〉を求め、安直に〈答え〉を出さずに、自分の心のなかの「未解決のもの」すべてにしっかりと耐えて、それを背負うことができなくてはならない。「今すぐ答えを捜さないで下さい。あなたはまだそれを自ら生きておいでにならないのだから、今与えられることはないのです。すべてを生きるということこそ、しかし大切なのです。今はあなたは問いを生きてください。そうすればおそらくあなたは次第に、それと気づくことなく、ある遥かな日に、答えの中へ生きて行かれることになりましょう。」このようにリルケは、〈問い〉を自ら〈生きる〉ことの大切さを説いている。

私たちの世界は、〈問い〉よりは〈答え〉が大事だと言うだろう。大切なのは問題をどう解決するかの〈答え〉であって、〈問い〉はそれを得るための手段にすぎないのだ、と言われるかもしれない。もちろん私たちは、〈答え〉を求めるからこそ〈問い〉を立てるのにちがいない。しかしよく言われるように、〈答え〉は〈問い〉のすぐそばにある。浅く表面的にしか〈問い〉を立てえない者が、深い〈答え〉を得ることは決してないであろう。そこでは〈答え〉もまた、同じように浅く、表面的なものにとどまるほかはないであろう。「働かざる者、食うべからず」（Ⅱテサロニケ三・一〇）ということばは、ここでは厳格にあてはまる。〈問い〉を深く〈生きる〉ことのない者に、深い〈答え〉が与えられることは決してないであろう。

2　何を見つめて生きるか

『人間の大地』や『渇く大地』などの著書で知られる犬養道子氏は、七十歳近くを迎えて今なお、アフリカ・アジアの難民のために東奔西走しつつ、われわれの眼を開き、われわれに警鐘を鳴らし続ける。その彼女の数多い著書の一つである『私のヨーロッパ』（新潮選書）は、だいぶ以前に書かれたものであるが、当時ドイツのケルンに住み、日々に出くわす事柄が、彼女の眼を通してみずみずしく書きとめられた随想集である。そのなかに「週末」と題する章がある。

週末といえば、なんとはなしに人を浮き浮きとさせる。とりわけヨーロッパの、春から秋にかけての美しい自然と光につつまれた週末は、心を軽やかにさせる。しかしここで取り上げられるのは、そういう美しく快い週末ではなくて、陽光は低く、か弱く、そして毎日のようにみぞれまじりの雨が降る、冬のヨーロッパの週末である。暗く、冷たく、雨雲のたれこめた日々、しかもヨーロッパの週末にはほとんどの店は閉まり、人々をもてなし、楽しませ、時間つぶしや気晴らしを与えてくれるものの大半が姿を消してしまう。「土曜日の午後二時を境にして、人はこの土地で、いわば自分ひとりの状態にほうり出される。」そこで人は「自分で自分をどうもてなすか」を問われることになる。「ここの週末は、たとえてみれば、各人に突きつけられた空白のカンバスのようなものだ。」ウィークデイには、仕事やつきあいや娯楽やさまざまなものが押し寄せて、私たちのカンバスに筆を加えてしまう。もはや私たちが自分で自由に描き入れる余地など、たくさんは残っていないほどである。しかしこの週末の二日間は、人々は、何とかして自分で自分をもてなし、あやさなければならない。それは「各自の中身が容赦なく問われる時間」である。それが北ヨーロッパの冬の週末である。「一人に耐え、自分をひとりであやす」、そこから人々は自立の力を生み出してくるのだ、と言われる。

　大学の生活には、もはや受験などという重しはない。だから、こうしなくてはいけないと、私たちのカンバスを塗りつぶすものはない。しかしそのかわりに、こうしておればいい、安心だというものもほんとうはない。まさに空白のカンバスを突きつけられているのだといえる。ところが多くの者は、それを怖れ、他人のやることを追っかけ、まわりからその空白を埋めてもらおうと狂奔する。そうではなく、外から塗り込まれるのはもうやめにして、この空白に耐え、「〈真空の時間〉への恐怖」（Th・ボヴェー）に耐えてみる。そこで、いかに自分で自分をもてなし、あやすか。そこからほんとうの〈自分〉といえるものが紡ぎ出されてくるのだと思う。

3 虹は七色か

かつてすぐれた入門書『ことばと文化』を書かれた言語社会学者の鈴木孝夫氏の近著に、『日本語と外国語』という本がある。その第二章は「虹は七色か」と題されている。

私たちは、虹といえば七色、七色といえば虹を連想する。そして私たちは学校で、その色が、赤・橙・黄・緑・青・藍・紫であると習い、そう暗記させられてきた。だから、虹は七色だとあたりまえのように考えている。しかしたとえば『帰ってきたメアリー・ポピンズ』に出てくる王様の見る虹は、violet, blue, green, yellow, orange, red の六色である。それは作者の誤記ではない。またそれほど特殊な例外でもない。英語の本を読んだり、アメリカやイギリスで生活してみると、彼らはむしろ虹を六色と思っているふしがある。鈴木氏は、英語、フランス語、ドイツ語、ロシヤ語の〈虹〉ということばを点検しながら、フランス語を例外として、それらの言語圏では、虹は必ずしも七色とは考えられていない。科学や教育に関する分野では七色とされるが、民衆のレベルでは六色とするのが主流であるとする。考えてみれば、虹にしろ、光のスペクトルにしろ、七色といい六色といっても、その色どおしのあいだに、明確な切れ目があるわけではない。光の波長の変化も、色の変化も連続的なはずで、虹を七色と見るのは、その連続的にしか存在しないものを、取扱いやすいように七つに区別しているだけである。

しかし「七色の虹」などということばのなかでずっと育ってくると、いつのまにか、虹というものは七色でなくてはならない、七色でなくては虹にならないかのような気になってしまう。そして六色の虹を図案化した記念切手が出たりすると、物議をかもすことになったりする。ところが日本を一歩外に出れば、虹を六色と見ている人たちが、いくらでもいるのが現実である。同じようなことは、虹にかぎらず、いろいろな場面で生じてくる。「ことば」は現実を切り取ってみる一つの見方を私たちに教え、それによって私たちは能率よく現実を処理できるようになる。しかしことばにばかりよりかかっていると、かえって現実は見えなくなる。

「コロンブスの卵」ということばを知ったおかげで、卵を立てるには卵の先を割るしかないのだと思い込む。自分の手でちょっと試してみれば、なにも卵の先を割らずともそのままで卵は机の上に立つのに、誰も試みようともしない。かつては人間に新鮮なものの見方を教えたことばが、今や現実に蔽いをかけるものになる。自分があたりまえのように使っているさまざまなことばが、知らないうちにこういうものに化してはいないかを糺してみることが必要だ。

4 〈百聞は一見に如かず〉か

ギリシャのエレア派の哲学者たちが、運動というものを論理的に否定しようとしたとき、シノペのディオゲネスは、それを聞いて、黙ったまま立ち上がってそこらを歩き回ったと伝えられる。つまり自ら立ち上がり歩き回ることによって、端的に運動の〈事実〉を示して、〈論理〉によりかかって運動を否定しようとしたエレア派の考え方に反駁しようとしたのである。また、曹洞禅の仏祖である洞山は、まだ幼かったころ、いつも諳んじている『般若心経』の「無眼耳鼻舌身意」という句、つまり眼もなく耳もなく鼻もなく舌もなく身もなく意もないという個所にきて、ふと自分の顔を自分の手で撫でてみて、これこのとおり私の顔には眼も耳も鼻も舌もあるのに、どうしてお経は「無眼耳鼻舌身意」などというのかという疑団を懐き、そこから、彼のほんとうの問い、修行が始まったとされる。

このように、端的な〈事実〉は、百の〈議論〉よりも値打ちがある。「百聞は一見に如かず」である。いかに厳密な論証によってうち立てられた科学法則でも、それを崩すには一つの事実があればよい。それを反証する事実が一つでも見出されれば、それでその法則は、崩れ去るとは行かずとも、少なくとも根本的な再検討を迫られる。〈事実〉というものは、いかに小さなものであっても、ひじょうに大きな反証となりうる力をもっている。F・ベーコンが〈事実〉の大切さを説いたのは当然である。そしてそれは、私たちの〈ことば〉や〈議論〉が上滑りして行くのを食いとめるのに大切なブレーキの役割を果たす。私たちの語る〈ことば〉は、いつも〈事実〉の検証を受けていなくてはならぬ。

しかしもう一つ大切なことは、その端的な〈事実〉は、洞山にとって、決して問題の終結ではなかったということである。いなむしろ、そこから、彼のほんとうの〈問い〉も探究も修行も始まったのである。私たちはしばしば、自分に見えている事実、自分に聞こえている現実を示しさえすれば、それでことが終わるかのように錯覚する。そして自分の狭い視野のなかで見え、聞こえ、触れてくる〈事実〉をふりまわして、それでよしとする。〈事実〉と称するものは、このように自分の視座にあぐらをかかせ、その上に人を眠り込ませる危険をはらんでもいるのである。

今、自分に見え、聞こえ、触れてくる現実をなぞるだけなら、誰にでもできる。その自分の世界や視野の狭さをつき抜けて、そこからは見えない、聞こえない、触れえないものを見抜いて行くには、鋭敏な〈知性〉と豊かな〈想像力〉がなくてはならぬ。「今あなたがたが『見える』と言い張るところに、あなたがたの罪がある」（ヨハネ九・四一）というイエスのことばは、大切な警告である。

5　具眼の士

〈具眼の士〉、つまり「ものを見る眼を具えている人」とは、どのような人か。「ものを見る眼」とはいったいどういうことをいうのだろうか。

テレビなどのスポーツ解説を聞いていても、大半は眼の前で起こっていることをただなぞっているだけである。「ここらへんで一点でも返しておかないと、反撃はますますむずかしくなりますね」などとしたり顔で言ったりするが、そんなことはあらためて言ってもらわなくても、誰もが先刻承知のことである。このように誰もが見ていることを、誰もが見ているとおりに語っても、それは決して「ものを見る眼を具えている」とはいえまい。しかしまた、今行われているプレーとはあまり関係のない、あれやこれやの知識やら情報とやらを披露してくれても、だからといって私たちは、その人が「ものを見る眼を具えている」とは思うまい。

ところが、数少ない優れた解説者になると、私たちが眼の前にしていることを、私たちの眼に見えているのとはちがったかたちで描いてみせてくれる。彼が語っているのは、私たちが現に見ているのと同じ事柄である。にもかかわらず、彼はそれが私たちの眼に映じているのとはちがった相貌のもとに描いてみせる。ただ球種を見分けるだけでなく、その配球の背後に隠されたものをも見せてくれる。そういう人を「ものを見る眼を具えている」というのではあるまいか。

顕微鏡は肉眼では見えないものを見せてくれる。顕微鏡下に、ある色をもった図形を見ることは、べつに「具眼」の人でなくても、少しばかりの「視力」を備えてさえいれば、誰にでもできることである。誰にも同じ図形が見えてくるはずである。しかしその図形が何を意味しているのかということになると、そう簡単にわかるわけではない。それは、それを「見る眼を具えている」人にだけ見えてくることである。そしてそういう眼を具えるためには、多くの知識と厳しい訓練と、そしてまた、見える外見をつき破って見えないものを見抜くだけの、生き生きとした想像力を必要とする。

私たちの社会は今、自分たちに見えていることをそのままになぞって、それでものが見えているかのように思い込む大きな錯覚に陥って、自分たちの眼に映じているものの背後に何があり、何が起こりつつあるのか、ということへの感覚を失いつつあるのではないか。今私たちに必要なのは、右に述べたような「ものを見る眼を具える」こと、そしてそのために、私たちの〈知識〉と〈想像力〉を研ぎ澄ますことではなかろうか。聖書にこういわれる、「わたしたちは、見えるものにではなく、見えないものに目を注ぐ」（Ⅱコリント四・一八）。

6　見えないものへの感覚

「良きサマリヤ人のたとえ」（ルカ一〇・二五―三七）では、強盗に襲われ、着物を剥ぎとられ、傷を負わされ、半殺しにされて、助けを求めている人のそばを、三人の人が通りかかる。祭司とレビ人は、その人を見ながらも、道の反対側を通りすぎるが、サマリヤ人だけが、「彼を見て気の毒に思い」、近寄って介抱をする。祭司もレビ人もこの人を〈見た〉けれども、彼らはそのそばを通りすぎて行く。ひとりサマリヤ人だけが、「見て気の毒に思い」、その人に「近寄り」、「かかわりあい」、「隣り人」となって行く。

市民運動でも知られる農業経済学者の飯沼二郎氏は、『見えない人々――在日朝鮮人』と題する著書のなかで、氏が在日朝鮮人問題にかかわるようになったいきさつを語っている。「アメリカの黒人作家エリソンは、白人にとって黒人は〈見えない人〉なのだといっている。………少なくとも、わたしにとっては、四年前まで、朝鮮人は〈見えない人〉だったのだ。」そうはいっても、氏はそれまでに朝鮮人を知らなかったわけではない。知り合いもあり、またときに話し合うこともあった。しかも、良心的な学者である氏は、三六年にわたる日本の過酷な植民地支配を、すまないことだとも思ってきていた。しかしそのときの自分の眼には〈抽象名詞〉としての朝鮮人一般しか存在していなかった、と氏は言われる。しかし偶然にひとりの亡命者と知り合い、その人が、「毎日、どんな生活を強いられているか、どんな苦しみに心を切りきざまれているか」を知るにいたり、その人が「自分とおなじように、よろこび、悲しみ、なやみ、苦しむ一個の〈人格〉」として見えてきたときに、はじめて、〈見えない人〉がほんのわずかでも見えるようになってきたと言われる。

祭司やレビ人の眼には、その人は〈見えない人〉にとどまった。だからこそ彼らはそのそばを通りすぎて行く。その人が自分と同じように悩み、苦しむ人間として立ち現われてきたサマリヤ人にしてはじめて、その人が見えてきたのである。

道を横切ろうとして、車の洪水のなかに立往生する老人たちのためでもあると称して、やたらに歩道橋をつくり、それで老人たちの安全がはかれたと思う人間には、まだ老人たちは〈見えない人〉にとどまる。高い歩道橋に追いやられた老人たちが、毎日どんな思いで階段を上がり降りしているかをありありと感じとれない道路行政には、〈想像力〉が決定的に欠如している。たやすく階段を上下できる若者や壮年に、階段を前にしての老人たちの痛み、苦しみが〈見える〉ようになるには、自分の眼に〈見えないもの〉に対する〈鋭敏な感覚〉と、その限界を乗り越えさせるだけの〈豊かな想像力〉がいる。今私たちの国に欠けているのは、これではないか。

7 〈夢〉をもち続ける

寺山修司の『幸福論』の一節に、「月ロケットが月に到着する以前のウサギの童話は、いわば空想のユートピアにすぎないが、ロケットによって暴かれてしまった月の実体の上に、もう一度ウサギを想いうかべることは、ほんとうの幻想の有効性というものだ」とある。

かつて子どもたちは、月の表面に〈餅つくうさぎ〉を夢見た。しかし月面に到着したロケットのテレビカメラは、月の砂と石ころだらけの乾ききった散文的な地表面を、私たちの眼前に赤裸々にあばいてみせた。もはや私たちのあいだには、その月の〈実体〉を知らない者はいない。しかしこのわかりきった〈実体〉の上に、もう一度〈餅つくうさぎ〉をまざまざと夢見ることは、そんなに閑人のひまつぶしでしかないのだろうか。

実体を知らず、現実に眼をつぶって、〈夢〉を語ることは、たしかにやさしいことである。しかしまた、〈夢〉を笑いとばして、そのかわりに誰もが知っている無惨な凹凸面でしかない〈現実〉や〈実体〉なるものを、誰もが知っているとおりになぞってみせることも、それに劣らずやさしいことである。しかしそのように、誰もが知っていることを、誰もが知っているとおりになぞることから、いったい何が生まれるというのか。その結果は、「これが現実だ、現実だ」と言っているうちに、結局それをそのままに受け入れて、その〈現実〉なるものにまるごと絡めとられて行くことでしかないのではないか。そして私たちの現在の社会は、こういった、今あるものを今あるままに受け入れ、それに流されて生きて行く〈現実主義者〉によって席捲されつつあるのではないか。それが現在の柔らかな閉塞感を生みだすもとの一つではないのか。

〈現実〉をふりまわす人間の前では、〈夢〉を語る者は笑いとばされるのがおちである。しかしそのように〈現実〉の名をふりかざして〈夢〉を嘲る人間が、その現実を生き生きと、創造的に生きているというわけではない。ふたたび寺山のことばをかりるならば、「〈知りすぎた現実〉、もはや何であるかわかってしまったものを、もう一度想像力のなかで構築し直す素朴な感情――たとえば勇気」こそ、その現実を生き生きと生きさせる原動力である。凹凸だらけの索漠たる地表面とわかった月の表面に、それにもかかわらず、〈餅つくうさぎ〉をありありと夢見ることのできる人間、そのような人こそが、生命に満ちた世界を創り出すことができる。

〈信仰〉とは、〈現実〉を蔽って〈夢〉見ることではない。「見えるもの」のなかに「見えないもの」を見ようとする勇気である。「信仰とは、望んでいる事がらを確信し、まだ見ていない事実を確認することである。」（ヘブル一一・一）

8　舞台裏から見た人間

イエスのたとえ話に、こういう話がある（マタイ一八・二三以下）。ある人が何千億円という大金をこげつかせ、どうにもならなくなって、最終的には主人の情けでその莫大な負債を棒引きにしてもらった。ところがその主人の家を出たところでその人は、たまたま自分が何十万円かを貸してなかなか返済してくれない男に出会った。その人はその男を追いかけてつかまえ、頸をしめて返済を迫り、待ってくれと哀願する男を獄に投じた。それがのちに主人に知れ、主人の大きな怒りをかったという話である。

誰が読んでも、何千億を棒引きにしてもらっておりながら、他人の何十万を厳しく取り立てられるような人間などはいないと思う。しかしそう思うのは、主人の家のなかで起こった何千億円の棒引きという、いわば〈舞台裏〉の出来事を知っているからである。そこで、その〈舞台裏〉をちょっと隠して、主人の家の外という〈舞台の上で〉起こっていることだけに眼をとめると、どうなるだろうか。この人のやり口は少々ひどすぎるかもしれない。しかし返済期限もとっくに過ぎて、いくら請求しても逃げ回るだけだとなれば、ここで会ったが百年目、何としても取り返さなければと思うのにも無理はない。そうなると、その人からすれば、自分のやったことは、少々手荒くはあっても、万やむをえない、辻褄のあったことであったはずである。

しかしその〈舞台上〉で見ているとやむをえない、辻褄のあったことが、さっきのように〈舞台裏〉から見られると途端に、きわめておかしな仕打ちになってしまう。その人自身だって、その自分の振舞いが〈舞台裏〉から見えていればきっとそう思うだろう。ではなぜ、そういう人間が〈舞台上〉ではあゝなってしまうのか。それは、人間が〈舞台の上〉に上がり、〈舞台上〉の出来事に眼を奪われているうちに、自分の〈舞台裏〉が見えなくなってしまうからである。そうなると、自分が〈舞台上〉でやっていることには何もおかしいところがない、辻褄のあったことに見えてくるのである。

人間の現状はこうなのではないか。〈自給自足〉、人間は自分が、自分で働き、自分の労働で生きているいると思い込んでいる。しかし、少し〈舞台裏〉にまわって、牛や馬、稲や麦の方から見れば、これほど勝手な見方はない。人間は自然や環境から生かしてもらっているのではないのか。人間の一人一人についてもこういう思い込みは無数にある。

自分から見ておかしくない、まともだ、辻褄があっていると思い込んでいるが、その自分を〈舞台裏〉から見直せばどうなるか。宗教は、人間が自分を自分の方からだけではなく、自分を超える向こう側からも見ることを求める。そのとき、今まで見えなかった自分の姿が見えてくる、というのである。

9 〈本音〉の危うさ

私たちの世界では、何かというと〈建前〉と〈本音〉という図式でことが片づけられる。それもたいていの場合は、〈建前〉の方が一方的に悪者にされて、実際には〈本音〉と称するものがふりまわされる。「〈建前〉を語る」人間はあまり信用されないが、「〈本音〉を語る」人間はそれなりの評価を受ける。

他人の眼に触れる外面だけをとり繕って「〈建前〉を語る」ということが、偽善的で、問題なのは当然のことである。しかしでは、〈建前〉を棄てて、かわりに〈本音〉を語ればそれでよいのか。試みに自分自身に問うてみるがよい、もしも今、自分が一切の〈建前〉をふり棄てて、自分の〈本音〉だけで生きてみるとして、そのときいったい自分は、ほんとうに人間としてまともな生き方ができるのかどうか、と。自分自身の現実を甘やかさずに厳しい眼で直視する人間ならば、ことはそう簡単にはゆかないと認めざるをえないはずである。ある面で私たちは、何ほどかの〈建前〉によって、やっとまともに生きているのではないのか。それなのに私たちは、〈建前〉の偽善性、問題性を一方的に強調しているうちに、「〈本音〉を語る」ことの方がかかえている問題性は見失ってしまう。そしてみんなでためらいもなく〈本音〉〈本音〉と言いあっているうちに、どうにもならなくなって、こんどは一挙に〈建前〉をふりかざす世界に逆戻りして、外側をとり繕うことになる。

使徒パウロはこう述べる、「わたしはあなたがたにさばかれたり、人間の裁判にかけられたりしても、なんら意に介しない。」（Ⅰコリント四・三）彼パウロは、他人の眼を気づかって外面をとり繕い、〈建前〉を語るような人ではない。しかしだからといって、かわりに自分の〈本音〉をためらいもなしにふりかざしもしない。彼はこう続ける、「わたしは自ら省みて、なんらやましいことはないが、それで義とされるわけではない。」（四・四）心底やましくない自分の〈本音〉を語ればそれでよいとは考えない。彼は自分のなかに、さらにその自分を厳しく吟味するものをもっていた。「わたしをさばくかたは、主である。」（四・四）

私たちに欠けているのはこういうことなのではないか。貿易摩擦や教科書検定問題など、私たちの社会は、外国からの批判に慌てふためいて、外見を〈建前〉だけでとり繕うかと思えば、少しその嵐が通りすぎると途端に、自国の〈本音〉を何のためらいもなしにふりかざす。そこには他人のさばきに対する眼はあるが、自分自身のなかにさらにその自分を吟味するさばきは決定的に欠けている。日本が大国と言われるようになった今、何よりも必要なことは、このように、自分のなかにさらにその自分自身を厳しく吟味することのできる批判機能をもつことなのではなかろうか。

10 〈余白〉を見つめる

遠藤周作氏らとの交友で知られる井上洋治氏は、〈余白〉ということを説いている。ある水墨画には、ただ数個の柿の実だけが描かれて、画面の大部分は余白になっている。にもかかわらず、その柿が、そのわずかに数個の実をもって私たちに大自然の生命を感じさせるのは、その各々の柿にぴしりとそのところを得させている余白のもつ力によるのであり、それによって柿の実は生命を得て、その実の呼吸する大自然が私たちに感得される。余白は何もそこに描かれていないというまさにそのことによって、描かれている柿とは一つちがった場から、その柿を生かしめている。だから何も描かれていないからといって、その余白を切り取ってしまうと、描かれた実も枝も死んでしまうのだと言われる。

こういう余白や余情の大切さは、古来しばしば語られてきた。中世の和歌論にも、余情のない歌、余白に感情のない歌は駄作であるとされ、能の面白さは「せぬひま」にある、じっと座って動かない、そこが見どころだとも言われる。「余白の無限」が背後にあってはじめて、一つ一つの「もの」や「所作」が生きる。

「空の鳥を見るがよい。まくことも、刈ることもせず、倉に取りいれることもしない。………野の花がどうして育っているか、考えて見るがよい。働きもせず、紡ぎもしない。」（マタイ六・二六、二八）ここに見えているのは空を飛ぶ鳥と野に咲く花だけであって、それ以外には何一つ見えはしない。しかし何も見えない〈余白〉は、決して虚ろな、はたらきのない〈空白〉なのではない。その鳥を養い生かし、その花を装い生かしめている力がそこに蔵されている。「それだのに、あなたがたの天の父は彼らを養っていて下さる。」そしてこの〈余白〉という無限の背景が見失われるとき、鳥はその生命を失い、花はその輝きを失う。

人は鳥でもなく、また花でもない。鳥や花とはちがって、人は、毎日毎日、蒔き、刈り、紡ぎ、織り、労し苦しみ工夫しながら、自らの手で、自らの生命を描き出さなければならない。しかしながら、そのとき同時に、私たちの手によって描き出されたものにそのところを得させ、それを生かしめている〈余白〉という無限の背景を見失い、それを切り棄て去ってしまうなら、私たちの労苦、私たちの生命は、その奥行・深み、そしてその輝きを失って、色あせる。私たちが大人になり、自ら労苦して、自らの手で自分の生命を描き出すことが私たちに求められてくる世界に生きるようになればなるほど、いよいよ、その私たちの背後にあって、私たちの労苦にそのところを得させ、私たちの生命を生かしめている、〈余白〉という無限の背景に眼をとめて生きることが、大切になってくるのではなかろうか。

11　生への畏敬

コリントの教会にあてた手紙のなかでパウロは、「わたしは植え、アポロは水をそそいだ。しかし成長させて下さるのは、神である」（Ⅰコリント三・六）と語る。この手紙のあて先であるコリント教会は、パウロによって創立され、そのあとを継いだアポロによって発展した。彼はここで、それを植え、それに水をやり続けたのは、自分とアポロ以外の誰でもないと自信をもって公言する。それにもかかわらず彼は、「だから成長させたのは、私たちだ」とは言わずに、「しかし成長させて下さるのは、神である」と語る。この「しかし」という短いことばには、ただたんに修辞上の謙遜にはとどまらない、人間の深い生き方が込められている。

他人が植え、水をやり、育て上げたものを、「私のもの」だと言うことは許されない。しかしそのかわりに、私が、自分の土地に、自分で種を蒔き、水をやり、咲かせた花、実らせた実、これらは疑いもなく「私のもの」であって、それを切ろうと摘もうと私の勝手だ、他人にとやかく言われる筋合いはない、私たちはそう考えている。

それはいたってしごく当然のように思われる。しかしもし私たちが、いったんその花の可憐な美しさに心打たれるとなると、もうそう簡単には「これは〈私のもの〉だ」とか、「だから切ろうと摘も

う と私の勝手だ」などとは言えなくなる。その花に、たんに「私が植え、私が育て、私が咲かせた」いのちというにはとどまらない、もっと〈奥行〉と〈深み〉とを湛えた「いのちの不思議さ」を感じ取るからである。そうだとすると、「私が植え、私が水をそそいだ。だからこの花を育てたのは、この私だ」などと言っているだけの人間は、まだその花のいのちの〈奥行〉や〈深み〉には触れてはいない。パウロのように、「私が植え、私が水をそそいだ。しかしこの花を育てたのは、この私ではない」と語りうる人間こそが、その〈いのち〉の美しさ、不思議さ、〈奥行〉、〈深み〉に触れることができるのではなかろうか。

これは何もほかのいのちに対してばかりではない。自分自身のいのちに対しても同じである。自分のいのちの不思議さ、〈奥行〉、〈深み〉に触れた人は、それに対してもこのような「しかし」を語らざるをえない。自分のいのちは〈私のもの〉だ、だから煮て食おうと、焼いて食おうと私の勝手だ、などとは言えなくなる。芥川龍之介の『蜘蛛の糸』では、カンダタが「このクモの糸は己のものだぞ」と喚いた途端に、その蜘蛛の糸はぷっつりと切れる。ほかのいのちに対しても、自分自身のいのちに対しても、このような〈しかし〉という留保を忘れない者、そこに〈生への畏敬〉はある。

12　生きる価値

星野富弘の詩画集の一冊『鈴の鳴る道』のなかに、次のような詩がある。

　見ているだけで
　何も描けず
　一日が終った

　こんな日と
　大きな事をやりとげた日と
　同じ価値を見出せる心になりたい

実存分析の立場に立つ精神医学者V・E・フランクルは、人間の価値には三つの価値、〈創造的価値〉〈体験価値〉〈態度価値〉があると言う（『死と愛――実存分析入門』）。〈創造的価値〉は、ふつうに価値と考えられているもので、大きな仕事であれ、ささやかな生活であれ、とにかく人が、自らの行為や活動によって、自分が何らかの使命を果たしていると実感できる場合のように、何かを創り出し、やりとげる活動のなかで実現される価値である。そういうときに私たちは、あゝ生きていてよかった、と思う。しかし人間存在にとって、価値はこれだけではない。体験のなかに実現される〈体験価値〉もある。たとえば、自然や芸術の美しさにわれを忘れるほど心打たれたときも、きっと私たちは、あゝ生きていてよかった、と思うはずである。生きている意味が、ここでは、人間のなす活動ではなく、純粋な体験のなかでみたされているのだといえよう。さらにフランクルは〈態度価値〉を語る。たとえば、病に臥して、〈創造価値〉はもとより、〈体験価値〉の可能性すらも奪われた存在にも、なお価値を実現する機会は残されている。それを彼は、ナチス強制収容所での自らの実体験をもとに説いている。つまり、「人間が変えることのできない運命に対していかなる態度をとるか」ということによって実現される価値である。「生命は、たとえ創造的に実り豊かでもなく、また体験においても豊かでなくても、根本的にはまだなお有意味でありうる……人間が彼の生命の制限に対していかなる態度をとるか」、苦悩のなかにおける勇気、没落や失敗においてもなお失わぬ尊厳、そういうことに示される価値や意味である。

ひるがえって私たちは、生きる意味や価値を、あまりに狭く考えてはいないか。自分が何かを生み出し、やり遂げることのなかにしか意味を認めようとしない。しかしこのように〈創造価値〉だけを価値と考え、〈体験価値〉も〈態度価値〉も棄てて顧みないことにこそ、私たちの社会や時代の〈貧しさ〉の原因があるのではないか。

13　生者の意思

　臓器移植や、それにからむ脳死問題の話題がしきりで、脳死臨調の中間答申も出た。脳死をもって死とするかいなかの問題と臓器移植とはまずは別の問題であり、またあるべきはずなのに、それがつねに結びつけられて出てくる点に強い懸念を抱かざるをえない。今なお、しばしば密室で医師が一方的に主導し、ときには医師の独断専行を看護師すらも阻めないという医療体制のもとで、患者の権利は保証されるのか、本人のあらかじめの同意もなしに、ただ兄弟だというだけの理由で、一人の人の意思が家族の意思とされ、そしてその同意と称するもので脳死者から臓器が取り出される、そんな状況で、どれだけ患者の権利が護り抜かれるのか。脳死の是非とは別に、しかしそれとは同時並行的に、こうした現状をどうするのかが真剣に問題にされるのでなければ、脳死と臓器移植は重大な人権侵害を生む危険をはらむ。

　こうした状況で、ますます重要になってくるのは、本人の意思いかんの問題である。そうなると〈生者の意思（living will）〉、つまり脳死などで理性的判断能力を失う前に、万一そういう状態になったら特別な延命措置を行わないことを、あらかじめ自分が書面で依頼しておく法的処置が、クローズアップされてくるだろう。このリヴィング・ウィルというのは、臓器移植との関係よりも、むしろ

〈尊厳死〉、人間としての尊厳を保ちつつ死にたい、という望みと結びついて主張されてきた。その意味で患者の〈自己決定権（死ぬ権利までもふくんだ）〉の主張の一環である。私たちの社会の、上述のような現状からすれば、患者が自分の死を自分で決定する権利をもつという主張には、きわめて大切な点がふくまれているといえる（木村利人『いのちを考える』参照）。

しかしなお、そこに疑念が残る。見苦しい姿をさらして生き続けさせられるのを拒み、人間としての〈尊厳〉をもって生き、〈尊厳〉をもって死にたいと言うとき、その人間としての〈尊厳〉とはなにかという問題である。尊厳のある生、尊厳のない生、見苦しい生、見苦しくない生とはいったいなにか。この生命は生きるに値する、いや生きるに値しない、そのように〈生命の質〉を問題にすることには、重大な問題がはらまれている。他人の生命を、生きるに値するかいなか、生存する権利をもつかいなかと判断すること、そこに大きな危険が伴うことは、ナチスを引き合いに出さずとも明らかである。しかしながら、自分自身の生命に対しても同じ問題はあるのではないか。自分自身の生命をそういう眼でしか見ることができない人が、どうして他人の生命を、それとはちがった眼で見ることができるのか。

生きるに値するかいなかと、生命の質ばかりを問う生き方は、生命をあまりにも自分の方からだけ見すぎて、生かされてある自分を見失ってはいないのか。

14　あたりまえのもののかけがえのなさ

「おとなは、だれも、はじめは子どもだった。しかし、そのことを忘れずにいるおとなは、いくらもいない。」サン＝テグジュペリ『星の王子さま』はこのことばではじまる。小さな星でひとり静かに暮らしていた王子さまは、美しい花をつけた一本のバラに恋をする。しかし愛する苦しみにたえかねた彼は、バラを残して旅に出て、いろんな星を訪れ、さまざまに奇妙なおとなに出会う。他人を見れば自分の家来としか見えない王さま、人を見れば自分に感心している人間だと思い込むうぬぼれ男、星の数を数えては帳簿に記入し、金庫にしまい、それでその星を所有したと思い込む実業家……。彼ら大人は共通して、ほかのものやほかの人間とほんとうの結びつきをもとうとはせずに、自分に閉じこもり、そこからすべてを見ている。最後に王子さまは、そういう大人が全部うごめいている地球にやってくる。

人ひとりいないアフリカの砂漠におり立った彼は、出会いを求めて歩きはじめ、人里近くで五千本ものバラが咲き匂う庭に出会う。この世にたった一つの花と信じていたバラが、ここではあたりまえのバラの花でしかない。そのかなしさに、草の上に泣き伏す彼に、キツネはこう教える。「おれの目から見ると、あんたは、まだ、いまじゃ、ほかの十万もの男の子と、べつに変わりない……あんたの目から見ると、おれは、十万ものキツネとおんなじなんだ。だけど、あんたが、おれを飼いならす（仲よくなる）と……あんたは、おれにとって、この世でたったひとりのひとになるし、おれは、あんたにとって、かけがえのないものになるんだよ。」「もう一度、バラの花を見にいってごらんよ。あんたの花が、世のなかに一つしかないことがわかるんだから。」「あんたが、あんたのバラの花をとてもたいせつに思っているのはね、そのバラの花のために、ひまつぶしをしたからだよ。」「人間っていうものは、このたいせつなことを忘れているんだよ。」

そしてこの物語は、「そうしたら、世のなかのことがみな、どんなにかわるものか、おわかりになるでしょう……おとなたちには、それがどんなにだいじなことか、けっしてわかりっこないでしょう」ということばで結ばれる。九十九匹の羊を野原に残して、失われた一匹を探し求めるイエスの羊飼い（ルカ一五・四―七）は、そういう眼をもっている。

〈寛容〉を自称するわれわれの社会は、その寛容を少数者の側に求めて、多数者の横暴を、寛容の名において野放しにする。その寛容に人権の尊重はない。あたりまえのもののかけがえのなさに眼をそそいで、少数者に対する寛容が、多数者の側に求められてこそ、真の寛容であり、そこでこそ人権は尊重される。

15　思いどおりにならない体験

できることなら、苦しい目には会いたくない、悲しいこともごめんだ。これは誰しもが懐いている願いである。しかし世の中は、そんなにうまい話ばかりが転がっているわけではないから、私たちは仕方なく、苦しみに耐え、悲しみをこらえながら、それが一刻も早く通りすぎてくれることだけをひたすらじっと待っている。そして一方で私たちは、自分の考えどおりにことが運び、自分の思いどおりにことが成りさえすれば、それで万事いいのだ、と考えている。

しかし少しばかり自分の体験をふり返ってみても、万事が思いのままに、好都合に行ったときに、はたして私たちの自己そのものは、ほんとうに豊かになったのか。私たちの心が掘り起こされ、鋤き返され、ほんとうに豊かにされたのは、実は、私たちの思いがかなったときよりも、かえって自分の思いどおりにならなかった体験、自分の思いが痛烈に退けられるという体験を通じてであったのではないか。そしてしばしば私たちは、思いどおりにことが運び、ことが成り、スムーズに人生を生きてこれた人よりも、たとえば、病床に臥したり、その他さまざまな人生の不如意のなかで、次々と自分の思いが退けられ、思いどおりにならない体験を重ねながら、その自らの人生を背負うて生きてきた人の方に、人間としての豊かさや深みを見出すのではなかろうか。

アメリカで昔からよく読まれているというレバノン生まれの詩人ハリール・ジブラーンの『預言者』（邦訳『生きる糧の言葉』）の一節には、「苦しみは、理解を閉じこめている殻《から》が開くこと。果実の芯が太陽の光を浴びるためには、種子がはじけなければならないように、あなたは苦しみを知らなければならない」、「苦しみは、あなたの心のなかの医者が、病んでいる部分を癒そうとする、苦き薬」と言われている。

なにも好きこのんで、苦しみや悲しみを求める必要はさらさらないが、しかし苦しみや悲しみに会ってはじめて、私のうちにある堅い殻が破られ、今まで見えもしなかったことが見えてくる。隣人の苦しみも、人間であることの悲しみも見えてくる。それとともに、今まで見えなかった喜びもまた、見えてくる。

とすれば、思いどおりになる体験ばかりを大切にするのではなくて、自分の思いが退けられるような体験こそ大切にして、それを通して、今までの自分には見えなかった何が見えてくるのかにも、眼を向けていなければならないのではないか。「喜びに溢れるとき、心の奥を見つめなさい。そうすれば、悲しみをもたらしていたものが、今は喜びとなっていることがわかるだろう。」（ジブラーン）

16　涙の底を掘り下げる

「さて、盲目となって、見るかげもない手足になって、私は神様から何を教えられたのであろう。わからない、が……おぼろげながら受けとめられたのは、涙の底を掘り下げろ、ということである。」（藤本とし『地面の底がぬけたんです』）

彼女は十九才でらい（ハンセン病とするのが通例だが、藤本氏自身が身をもって生き抜かれた厳しい差別の現実を想起させるこの名称をあえて用いる）を発病する。現今は完治するらいも、当時、昭和初期のころといえば、その宣告は人の一切の希望を砕き、社会とのまったき断絶を余儀なくさせるものであった。彼女は二度の自殺未遂ののち、半世紀にわたる療養所生活を送る。らいの進行によって手足の指をすべて失い、彼女の手足は変形して、「掌だけの手」「足の甲だけの足」となる。加えてさらに、らいにつきものの麻痺が、その手足に進行する。熱さや痛みさえ感覚不能に陥り、そしてやがて、突然、両眼の失明が彼女を襲う。そういう苦しい道程の果てで彼女が摑んだもの、それは「涙の底を掘り下げる」ということであった。

両眼は完全に失明し、そして指を失い、かつ完全に麻痺した手足、それをもって彼女は盥《たらい》の洗濯に立ち向かう。このときから、一枚のハンカチの洗濯が、彼女にとっては全身心をあげての格闘となる。足をとられて転倒し石鹸水をかぶりながら、指のない麻痺した手を無情にもすり抜けて行く洗濯物と格闘し、いくどとなく失敗をくり返すくやし涙の毎日。幼児にだってできる一枚のハンカチの洗濯、それが彼女にとっては難物中の難物となる。一枚のハンカチに、大の大人が体ごとぶつけて、七転八倒をしながら、それを濯ぎ洗う。そして失敗に失敗を重ねつつ格闘して、やっとのことで、それをわが手に従わせる。この盥から彼女が学んだことは、「洗い物に呑まれるな。（しかしそれを）あなどるな。用具でも布でも触れるものを師と思え。愛情をもってすべてを扱え、そこから工夫が生まれる」ということであった。洗濯ものを文字どおり自らの師とし、その厳しい師と格闘して行くなかで、やがて彼女はその「濯ぎ物が小羊のようにおとなしく、掌だけの手に従いてくる」のを知る。「ああ私の手にある濯ぎの年輪……これが重なるたびに、盥の中の日記は歓びへと移り、そして何時しか唄の日記に変わってしまったのである。」

この無名の女の人の生涯は、まさにこの濯ぎの年輪が象徴するように、生を、涙とともに味わい尽くし、その涙の底を掘り下げて、そこから喜びの声をあげて帰還する生涯であった。「人間の生甲斐は味わうことにある。生きるとは味わうものである。………人間は、その人間になり切るより外に、彼の生きる道はないのである。」（種田山頭火『日記』（一九三二年））

17 〈生きがい〉の怪しさ

ナチス強制収容所を描いた『夜と霧』の著者として有名なV・E・フランクルはまた、〈実存分析〉という立場で治療を試みる精神科医でもある。その彼が、『時代精神の病理学』という書物のなかで、彼のもとで働いていた一人の看護師にまつわる話を語っている。

彼女は、活動的で献身的な看護師で、患者のために昼も夜も力を尽くして働き、そこに生きる意味と喜びとを見出してきた。ところがある日、不調を訴えた彼女は、診察の結果、もう手術では切除できないところまで進行したがんであるという宣告を受ける。彼女からは、もはや生き生き立ち働いて、そこに自分の生きている証しを見出す生活は奪われ、逆に、毎日毎日、かつての同僚たちから看護を受けて生きるだけの生活に耐えねばならなくなった。人一倍活動的積極的であった彼女は、「自分はもう生きていたって何の役にも立たない。何の意義あることもできない」と自分の人生に絶望する。

そう訴える彼女に対してフランクルは、今のあなたには、元気で患者のためにたち働いている医者や看護師にはできないことがあるのではないか、と問いかける。「そんなに働きたがる、だのに働くことができない」、働くことをまったく断念させられて、ベッドに寝たきりになった今、そのあなたが「それにも拘らず絶望しない」という生き方をあなたのベッドの上で身をもって示すなら、それはあなたを知っている病人たち、とりわけ「一切の働きを奪われて、長年のあいだ病床に臥している病人たち」にとって、何にもまさる励ましになるのではないか、というのである。

自分の眼から見て生きる価値があると思えるときだけが、人間の生きる意味ではない。皮肉に言えば、自分では生きがいにあふれ、生きる価値があると思い込んでいる人が、はたから見ると、ずいぶんおかしな姿を呈しているという例は無数にある。「青年期にまわり道をすることは一生のこころの旅の内容にとって必ずしも損失ではなく、たとえもし青年期を病の中にすごしたとしても、それが後半生で充分生かされることが少なくない。人間は『ただではころばない』という芸当もできるのである。………彼のこころの道中で、順調に行った人よりも多くの風景に接し、多くの思いにこころが肥沃にされ、深くたがやされたためであろう。そのためにやっと〈わが道〉にたどりついたとき、すらすらと一直線でそこに来た人よりも独特のふくらみを持った、人のこころにせまる仕事をすることができるだろう。」（神谷美恵子『こころの旅』）自分を、生きている値打ちがあるとかないとか、簡単に決めつけないことこそ、大切なのではないか。現今の尊厳死などをめぐる論議には、この大切な点が見落とされているのではないか。

18 〈待つ〉よろこび

非行の少年たちを北海道の厳しい大自然と対峙させることを通じて、その教護を図ることで知られる独自の教護施設、北海道家庭学校の校長、谷昌恒氏の小文を集めた『ひとむれ』という書物が数集刊行されている。たんに非行少年の教護の問題にとどまらず、私たち一人一人の心に深い感動を喚び起こしつつ、問いなおしを迫り、また励ましをも与えてくれる数々の小文を収めている。

その第一集に収められている「待つこと」と題する短いエッセイには、東京から移り住み、北海道の厳しい冬のなかで、春を待ち続ける初めての体験のなかで、著者が感得したことが綴られている。その一節に、「たまたま、今日此頃、私は長い冬にとじこめられて、春を待つことの悦び、およそ待つということの悦びを全身で感じている。春はどんなに遅くとも、必ずやって来る。その春を静かにじっと待っていることの悦びを感じている。今にして、私は現代の生活には待つ悦びが失われていることを発見する。待つという幸福を忘れていたことを発見する。………もともと、人生の悦びの一つに、〈待つ〉ということがあったのではあるまいか。待つことは悦びであるばかりではない。人生のあらゆる営みの最も本質的なものでもあった筈である」と述べられている。

そして著者は、教師たちに対しては、少年たちのゆっくりとした成長をあせらず、あきらめず、静かに待ち続けることを訴え、少年たちに対しては、厳しい自然のなかで、ものが決して右から左へと手には入らず、労働の成果も長いあいだじっとがまんして待ってはじめて手に入るものであることを、身をもって知ることを訴える。

しかしそれはただ我慢の必要や忍耐の必要を説くためではない。著者が語りたいのは、〈待つこと〉のよろこび、〈待つ〉という幸福、〈待つこと〉そのものの大切さ、そのことがもつ意味である。私たちもしばしば「待つことに耐える」ことの必要性は語る。しかし〈待つこと〉そのものの大切さ、その幸福を語ることはない。待たずに手に入れれば、それに越したことはないと考えている。しかし、待つこともなしに手に入ったものは、それがどれほど素晴らしいものであっても、所詮、私の存在のごく表面にしか触れることはない。何かをじっくり〈待つ〉うちに、はじめてそれが少しずつ少しずつ、私たち自身の存在の奥深くに根を下ろして行く。そこに〈待つこと〉そのもののもつ喜びや意味がある。今日の私たちの社会のように、〈待ち時間〉を短縮することばかりを大事と考え、〈待つこと〉そのものの意味や喜びを見失ってしまうと、やがて私たちの存在自身が〈時の奥行〉を失い、そして根なし草のような存在になって行かざるをえないのではないか。

19　時間どろぼう

ミヒャエル・エンデの童話『モモ』は、時間どろぼうに時間をぬすまれてしまった人間たちに、主人公の少女モモが時間を取り戻してやるという筋の、スリルとファンタジーにみちた作品である。〈時間〉という哲学的にも最も難解だとされる問題を、ＳＦ的ファンタジーで、子どもにも読める童話に仕立て上げるとともに、同時にそれが、鋭い時代批判にもなっている。

時間どろぼうたちは、時間貯蓄銀行をつくり、その勧誘員となって、人間から時間をぬすんで行く。人を訪問しては、その人が毎日毎日、いかに時間をむだづかいしているか、他人とのむだ話、小鳥の世話、知人の訪問、役にも立たぬ読書、演奏会、ぼうっとしたくつろぎ、その他さまざまな時間のむだを数え上げ、限りある時間しかない人間が、そういうふうにむだに費やしている膨大な時間を積算して見せ、そしてそれをできるだけ倹約し、銀行に貯金し、そしてそれを活用すれば、もっともっと素晴らしい人生が開けると勧める。その誘いにのって、むだと思われる時間の節約に努める人が次々にふえて行く。時間の節約を可能にする文明の利器も次々と開発され、テレビもラジオも新聞も、それが時間のゆとりを生み、人間にほんとうに人間らしい生活を保証するのだと宣伝する。そうして得られたお金と余暇とを最大限に利用し活用しようとして、人間はまたしても時を惜しんで遊びまわる。「時間をケチケチすることで、ほんとうはぜんぜんべつのなにかをケチケチしているということには、だれひとり気がついていないようでした。じぶんたちの生活が日ごとにまずしくなり、日ごとに画一的になり、日ごとに冷たくなっていることを、だれひとり認めようとはしませんでした。」

このようにして人々は、次々と時間をぬすまれて行く。そこから時間どろぼうたちを相手に、モモの活躍がはじまり、その活躍でやがて時間どろぼうたちは退治され、人間たちに〈時間〉が戻ってくる。時間が戻ってきた町では、「子どもたちは道路のまんなかで遊び、自動車でゆく人は車をとめて、それをニコニコとながめ、ときには車をおりていっしょに遊びました。あっちでもこっちでも人びとは足をとめてしたしげにことばをかわし、たがいのくらしをくわしくたずねあいました。」そうして時間の国に辿りついたモモに、時をつかさどるマイスター・ホラはこう語る、「ほんとうにそうしたいのなら、待つこともできなくてはいけないいね。………いいかね、地球が太陽をひとめぐりするあいだ、土の中で眠って芽をだす日を待っている種のように待つことだ。ことばがおまえの中で熟しきるまでには、それくらい長いときが必要なのだよ。それだけ待てるかね！」

ここには、私たちの社会が今見失っているものへの、厳しい警告がある。

20 ものには時がある

スイスの精神科医Th・ボヴェーはこう語る、「病人や孤独な人々がテレビやラジオを持っているというのは、技術がもたらした恩恵である。これに反して、若者のグループが夏のハイキングに際して、一人はトランジスター・ラジオでオーストラリアの冬期オリンピックを聴き、別の若者は〈ニューヨークの夜〉というルポルタージュを聴くなどというのは、きわめて不合理であるばかりでなく、いくらか倒錯的な行為でもある。」（『時間と自由』）

身体を動かす自由を奪われてベッドに臥す毎日、眠られぬ幾夜を耐えねばならぬ病人にとって、テレビやラジオは他に代えがたい意味をもっている。また夜ひとり孤独に耐える若者にとって、深夜放送は他に代えがたいものがあるだろう。また私たちがまだ一度も行ったこともない外国の出来事であっても、その現場を同時的にありありと私たちに伝えてくれるテレビのニュースは、現代に生きる私たちにとって不可欠のものであるかもしれない。しかしだからといって、そうした技術が、いつもいつも絶対的に価値をもっているわけではない。木々が風にそよぎ、鳥たちがさえずり、虫たちがないている自然のなかに出かけて行きながら、そこにもそういう技術をもち込むとすれば、それはいささか倒錯している。自然につつまれてみんなが一緒に楽しく過ごしているときに、一人離れてウォークマンを聴いている子どもの姿を見ると、ある痛ましさを感じる。もちろんその子は、それで満足しているのだから、はたからとやかく言うことはないともいえる。たしかにウォークマンで自分の好きなものは聴けるだろう。しかし同時に、その代償として、その子は確実に、今現に彼の耳にも届いているはずの木々のそよぎ、鳥の囀り、虫の声を聞き逃してしまっているのだ。痛ましいのは、それにもかかわらず、彼はその自分が失ってしまっているものに、自分では少しも気づくことがないということである。

暉峻淑子『豊かさとは何か』に、休暇をとって、終日森のなかで籐椅子に寝ころんで時を過ごす人の話が出ている。彼は言う、「人間は能動的に、なにかに働きかけ、仕事をしているときも、得るものがある。しかし、目的に向かって一所懸命に何かをしているときは、周りにあるものは目にはいらない。こうして何もしていないと、小鳥の声、風のそよぎ、落葉の音、陽の光、そういうものが、黙っていてもきこえ見えてくる。受身で、自分をカラにして受けとることもまた豊かだ。」

「天が下のすべての事には季節があり、すべてのわざには時がある。」（『伝道の書』三・一）ものの時を知ること、そこに人間の豊かさがある。

21　夏休みを前に

夏休みが近づくと、この長い休暇をいかに活用するかが語られるのがつねである。ある者は勉強や仕事に、またある者は遊びに、求める方向こそちがえ、いずれも、この時間を自分の創意工夫で、できるだけ活用し、そこから最大限の収穫を得ようとする点では同じであろう。このように、「余暇をいかに活用するか」ということは、多くの人に当然のこととして受けとられている。夏休みもせっかくの長い休暇なのだから、何か有意義なことでそれを埋めようということになる。しかしはたして、「閑暇」というものは、そのように、自らの工夫によって埋め、活用すべきものであるのかどうか。

ドイツの哲学者O・Fr・ボルノウは、その著『時へのかかわり』のなかで、〈仕事〉の時間と〈閑暇〉の時間にふれて、同じく時間とはいっても、両者は非常に異なった性格のものだと述べている。〈仕事〉の場合には、あらゆる時間は、その仕事の目標を達成するための時間でなければならず、その目標に向けてその時間を最大限に利用し活用することが、その時間への正しい身の処し方である。一方〈閑暇〉の場合には、そのように時間を利用し活用し尽くそうとすることは、純粋な〈閑暇〉の性格をそこなう不適切な態度になると述べて、人間には、「他人にも自分自身にも、誰にも申し開きをする必要のない私的な時間、それゆえ職業上の仕事時間に組み入れられていない時間」が必要であるとして、「正しい無為」を学ぶことの重要性を語っている。

　ひるがえって、私たちが〈閑暇〉の活用を語るとき、私たちはその〈閑暇〉の時間をも〈仕事〉の時間のなかに組み込んで、その結果、その時間を「無為に」過ごすことにはとても耐えられず、暇をもてあまして、いかにその時間を活用するかを、他人に対しても、自分自身に対しても申し開きしようとし、その時間を何かある目標のために活かし活用し、なんとかして「有為」の時間に変えようとしているのではないか。

　「もし安息日にあなたの足をとどめ………おのが道を行わず、おのが楽しみを求めず、むなしい言葉を語らないならば、その時あなたは主によって喜びを得、わたしは………あなたを養う。」（『イザヤ書』五八・一三―一四）私たちは、〈閑暇〉からいかに多くの楽しみを引き出し、いかに有意義なものを引き出そうかと、その利用法、活用法ばかりを探し求める。しかし、そこで大切なのはむしろ、自分の足をとどめ、自分の道を行かず、自分の楽しみを求めず、自分の工夫やはからいの一切をいったんとどめて、それによって自分が自分ならぬものによって支えられ、養われ、喜びを与えられていることに目覚め、「正しい無為」を学ぶことではなかろうか。

22　愛しながらの戦い

〈愛する〉とはどういうことなのだろうか。他に対してあまり厳しく当たらないで、やさしく包んでやることが愛なのか。たとえ相手が間違っていても、それを見逃したり、あるいは今ある現状を厳しく告発などせずに、そのままに肯定し、受け入れることなのか。〈愛〉は厳しさと対立する〈やさしさ〉のことなのか。私たちは〈愛する〉と聞けば、まずこのように考える。しかしまたその一方で、ときには「愛の鞭」なるものを語る。鞭といえば、現状をそのままに受け入れ肯定するのではなく、それを厳しく批判し、その現状の変革を目指すもののはずである。そのような厳しさと愛とがどうして結びつくのか。

毎日毎日ファミコンにしがみついている子どもを、そのままに認めることが愛なのか。それよりも、その子どもをむりやりにでもテレビの前から引き剥がし、戸外に引きずり出して、山に、川に、海にと連れ出し、山や川や海には、テレビ画面にしがみついていては見えない、もっともっと広い世界があり、そこには、水遊びをしたり、虫を追い、魚を追い、釣りをしたりと、無限に豊かな楽しみがあることを、子どもの身に体験させ、気づかせたいと願う親の方が、むしろほんとうにその子どもを愛しているのではないのか。もちろん、やさしいだけが愛ではないように、厳しければよいというものでもない。その厳しさが愛するということになるのは、それが、その子ども自身も気づいていない、その子自身がもっている豊かな可能性を信じて、それを育てはぐくもうとするところから出ているからである。

〈愛する〉とは、たんにやさしいことでも、たんに厳しいことでもない。フランスの思想家G・マルセルは、「ある人間を愛するとは、定義できないあるもの、予見できないあるものを、相手から期待することである」と言っている（『旅する人間』）。女流思想家S・ヴェイユも、「愛は、目に見えぬものを、見るのである」と言う（『神を待ちのぞむ』）。それは、「目に見えないものを見」「予見できないものを期待する」からこそ、今ある現状をそのままには是認することができず、あえてそれに抵抗し、さらにはそれと闘うこともありうる。哲学者K・ヤスパースの有名な言葉に、「愛しながらの戦い」ということばがある。愛するがゆえの戦いである。

日本の現状をそのままに認め、日本の歩いてきた道をそのままに肯定する者だけが、日本を愛しているというなら、それは大きな錯覚である。愛するからこそ、戦わなければならないこともある。今私たちの社会では、あまりにも、現状をそのままに肯定する者だけがよしとされ、あるいは民族の踏んできた道をそのままに踏襲することだけがよしとされかけてはいないだろうか。

23　隣り人への愛

キリスト教は愛の宗教だと言われる。しかし多くの場合、その愛は「博愛衆に及ぼし」式の人類愛と考えられ、そのことゆえに、ある場合には称えられもし、またある場合には反対に、だから観念的、抽象的だと非難されもする。しかしイエスは「隣人愛（あるいは敵への愛）」を語ったのであって、「博愛」を説いたのではない。

「身近かだからこそ、ぼくの考えでは、愛することができないので、愛することのできるのは遠い者に限ると思うんだ」と主人公イワンに語らせるのは、ドストエフスキイである（『カラマーゾフの兄弟』）。彼は、一切を擲って看護師になり、患者の膿だらけの傷口への接吻すら辞さないほどに人類を愛しているある貴婦人に、そのくせその自分が、そこで感謝のことば、称賛のことば一つが聞けないとなると、とたんに崩れて行くのだと告白させ、また人類の奉仕のためには、場合によっては自ら十字架の死をも辞さないほどの思いに駆られている医者に、そのくせその自分は、誰であっても一つ部屋に二日と一緒に暮らすことができないのだと告白させ、「個々の人間を憎むことが激しければ激しいほど、人類一般に対する私の愛はますます炎のように燃え上がる」と語らせている。遠い者への愛を語っているときは問題にしないですんでいた「自分というもの」「自分自身のあり方・生き方」

が、近い者への愛が問題になると、いやおうなくあばき出され、自分自身の存在そのものの奥にひそむ根本的な問題性がえぐり出されてしまう。ドストエフスキイにとって、〈愛〉とはそういう問題であったのである。

私たちは愛と聞けばすぐに、他人に対してどうするこうするといった、道徳やモラルの問題として片づける。しかし〈愛〉はたんに道徳やモラルの問題ではなく、まさにそこで自分の存在そのものが問われてゆく場所であるというのが、キリスト教の理解である。「愛さない者は、死のうちにとどまっている。」（Ⅰヨハネ三・一四）ここでは〈愛〉が、人間の〈いのち〉そのものにかかわることとして問題にされている。〈愛〉を失うことは、その人自身の〈死〉につながり、逆に人は「愛する」ことによって、「死からいのちへと移る」と言われるのである。

「感情はひとのうちに宿るが、しかし、ひとは、おのれの愛のうちに住む」（M・ブーバー『我と汝』）。私たちは、〈愛〉というものを、人のうちに宿り、ときに生まれ、ときに消滅して行く「感情」の一種と考えている。しかしここでブーバーは、そういう見方を転換させる。むしろ逆に、愛のうちではじめて人は生き、いのちを得る。

〈愛〉をたんに、道徳やモラルの問題、あるいは感情の一種としてではなく、私たちの〈いのち〉そのものにかかわることとして考えてみることが大切なのではないか。

24　人はパンのみにて生くるにあらず（Ⅰ）

今わが国ではさかんに〈豊かさ〉ということが話題にされる。そして物質的な豊かさだけでなく、心の豊かさが必要だと説かれている。そして「人はパンだけで生きるものではない」（マタイ四・四）という聖書の句が引かれたりする。これは荒野の誘惑のさなかにあってイエスが叫んだことばだが、『申命記』八・三からの引用である。

このことばが私たちの世界で用いられる場合、たいていは、今の日本のように、パンに、「物質的な豊かさ」に恵まれた人間が、パンをたらふく食ったあとで、しかし人間はパンだけでは満たされない、もっとほかにこころの飢えを満たす精神文化も必要だと説くときに、決まり文句として引き合いに出される。しかし荒野でイエスがこのことばを叫んだとき、彼の状況はまったくそれとは異なっていた。四十日四十夜断食をし、飢え渇いて、その身体にはパンを求めるうめきが渦巻き、うなり声をあげ、おそらくは見るものすべて、石でさえもパンに見えてくる幻覚に苛まれていたでもあろう状況のさなかで、叫ばれたことばである。

イエスがこのことばを叫んだとき、彼は飢えの極致にあった。パンの飢えがまさに彼の生命そのものを奪おうとしているときであった。そこでは、何はさておいても生命を維持すること、何を犠牲にしても生存のための不可欠条件であるパンと水を得ることが、至上命題とならざるをえない。そのときほど、人間がパンの威力を思い知らされるときはない。学問だの、思想だの、芸術だの、スポーツだのといってみても、この強大なパンの威力の前にはなすすべもない。そういう状況のなかで、イエスはこのことばを語った、いや叫んだのである。パンがなければどうしようもない、パンの威力の前では、自分はまったくなすすべを知らぬほどに徹底的に無力である。それにもかかわらず、自分はそのパンによってだけ生きるのではない、パンを絶対的なものとして、それに自分のすべてを明け渡してしまいはしないことを、旧約聖書のことばを引き合いに出しながら叫んだのである。自分も餓死寸前にありながら、最後のパンの一切れを、自らの死を覚悟しつつ、わが子に与えようとする母親は、その行為によって、人間というものがパンの威力の前にはいかに無力な存在であるかを実証してみせていると同時に、それにもかかわらず、ほんとうに人間らしい人間は、そのパンの威力にさえも、そのすべてを明け渡してしまいはしないことを、いわばおのが生命と引きかえに叫び、証ししているのだといえる。パンだけではない。死をはじめとして、人間には抵抗することが不可能だと思えることが、さまざまに現われてくる。しかしいかなるものに対しても、それを絶対とし、それに自分を明け渡してしまわぬこと、そこに人間らしい生き方がある。

25　人はパンのみにて生くるにあらず（Ⅱ）

「人はパンのみにて生くるにあらず」ということばは、飢えの極致にあって、パンのもつ威力の前になすすべもなく立ちつくしている人が、それにもかかわらず、それを自分にとって絶対的なものとして、その威力に自分のすべてを明け渡してしまいはしないことを、身をもって叫んでいることばである。パンをさえ、死をさえ、自分にとって究極絶対のもの、最終のものとはしない、という人間の叫びである。

四十日四十夜断食をしたあげく、飢えの極致で叫び出されたこのことばを、その状況とはまったく正反対に、豊かさのなかで山海の珍味を盛った食卓を前にし、飽食のなかで語るとすれば、たとえ同じことばだとしても、その意味はまったく異ならざるをえない。ところが、私たちの世界でこのことばが引かれる場合、ほとんどはこうした豊かさという状況においてである。日々贅沢な暮しをしている人間が、テレビやラジオに登場して、「物の豊かさ」だけではまだ不充分で、「心の豊かさ」も必要だと語り、そしてこのことばに言及する。当然のことながら、その意味は、イエスにおいてこのことばがもっていたのとは、まったく異なるものとなる。

そのとき人はこれを、パン（物質）に対して、精神の必要を説くことばだとする。そこでは、パンや物質の問題と心や精神の問題とは、別のこととして、対立的に考えられている。しかしはたしてそうだろうか。「他人の生活へのおもいやりは、たとえそれが物質的、肉体的であっても、実は精神的な問題なのである。自分のパンのことを思い煩うのは物質的であるが、隣人のパンを心配してやるのは、まさに精神的なことなのだ。」（N・ベルジャエフ『現代における人間の運命』）パンは、自分の腹を満たすときにはたんなるものにとどまるが、それを餓えた他者に与えようとするとき、私たちは実はパンを通じて自分のこころを贈ろうとしているのではないのか。そして飢えにあえぐ人に対するとき、パンを措いて、いったいどういうこころの贈りかたがあるのだろうか。「ある兄弟または姉妹が裸でいて、その日の食物にもこと欠いている場合……だれかが、『やすらかに行きなさい。暖まって、食べ飽きなさい』と言うだけで、そのからだに必要なものを何ひとつ与えなかったとしたら、なんの役に立つか。」（ヤコブ二・一五）ここではパンは、こころなり精神の問題そのものである。イエスにあっては、パンはまた彼の自由の、精神の、そしてこころの問題でもあった。

ものかこころか、物質か精神か、などという単純な二元主義で考えていると、自分はものの豊かさのなかで精神の大事さを説いているつもりが、実は、飢えている人に向けて、パンを与えもせずに精神の大事さを説くことになったり、権謀術策で富を手中にしている者が、一転して精神の大事さを説くという倒錯にも陥りかねないのである。

26　人間存在のふしぎ

社会心理学者E・フロムの名著『愛するということ』（The Art of Loving）の一節に、「たくさん持っている人が豊かなのではなく、たくさん与える人が豊かなのである。なにかを失うのではないかと心配して思いわずらっている貯蓄型の人は、心理学的にいえば、どんなにたくさんのものをもっていようと貧乏人、貧しくされた人なのである」とある。

ここでフロムはなにも、他人にも分け与えよ、という道徳的な教えを語ろうとしているのではない。「心理学的にいえば」とあるように、人間存在に対する彼の独自な社会心理学的分析に立って、「たくさん持っている人が豊かなのではなく、たくさん与える人が豊かなのである」というのである。

私たちは、他人に与えればそれだけ自分のものは減るのだ、と当然のように考える。しかしフロムによれば、このように「与えることはなにかを《断念すること》、奪われること、犠牲にすることであると考える」のは、実は現代の社会に「もっとも広くひろまっている誤解」であり、与えるという行為をこういう仕方でしか経験できないのは、その人の性格が「受容的、搾取的、あるいは貯蔵的な方向づけの段階以上に発達しなかった」からである。彼のいう「市場型の性格」の人は、与えようとすることはあっても、それはいつも受けることの交換としてだけで、受けることなしに与えることはだまされることだと考える。「非生産的な性格」の人は、与えることは貧しくなることだと感じるので、自分の持ちものを後生大事に守って他人に与えることを拒むか、あるいは、与えることは貧しくなることでつらいけれども、だからこそ、犠牲的に与えなければならないのだ、と考えたりする。しかし「生産的な性格」の人にとっては、与えることはそれとはまったくちがった意味をもつ。他人に与えることで彼は、何ものかが新たに生まれ、自分も相手もともどもに、その新しい生命につつまれる喜びを感得する。与える行為において、かえって人は自分自身の豊かさを経験する。与えることができなくなったとき、人はその喜びを奪われ、かえって自分自身の貧しさを経験するのだ、と言われる。

何らかの報いがなければ、与えるのは損だと思い、自分のものをふやすことが豊かになることだと思い、こういう「与えることにひそむ豊かさ」を見失った人間や国は、実は、何かを新たにつくりだすという、ほんとうの意味での〈生産〉性を失い、どこかでとほうもなく貧しくなってしまっているのではないか。聖書にある五つのパンと二匹の魚による五千人の給食の奇跡物語（マルコ六・三〇－四四）は、「与えることの豊かさ」という、人間存在のふしぎさを指し示している。

27 〈発明〉と〈発見〉

〈発明〉というのは、私たちが自分でいろいろと試し、探求し、試行錯誤をくり返しながら、何か新しいものを自分で生み出し、つくり上げることである。それに対して〈発見〉というのは、いろいろ努力をし、あちこち捜しまわってやっと、未知の新しいものを見出すのではあるけれど、しかしその発見された当のものは、実は私たちが発見するよりも前に、すでにそこにあったはずのものである。

コロンブスが新大陸を「発見」したといっても、その発見よりもずっと前から、そこにその大陸はあったのである。もっといえば、そこはコロンブスのようなヨーロッパ人にとっては「新大陸」であったかも知れないが、先住民にとっては新大陸でも何でもない。それを〈新大陸の発見〉などと騒ぎたてるのは、ヨーロッパ人の狭い常識の上に立つ勝手な言い草だと言えなくはない。コロンブスは、今までになかったものを発明したのでも、つくり出したのでもない。すでに今までからずっとあったもの、それを今、自分たちの眼で見出したにすぎないのだといえる。

しかしながら、そのことはまた、自分たちの世界が、彼らのすでに知っているヨーロッパと東洋とだけからではなくて、さらにアメリカ大陸その他をふくんではじめて成り立っているのだ、ということの発見でもあり得たのである。つまり、新しい〈発見〉は、実は、自己の〈再発見〉にもつながることができるわけである。

その喜びは、もちろん〈発明〉の喜びとはちがう。しかしまた、ただ新しい未知のものの〈発見〉の喜びともちがう。自分たちがすでにそのなかに生きている世界、また宇宙の〈再発見〉の喜びである。それはまた、自分たちがそのなかで生き、その上に立って生きている、その自分たち自身の地盤basis の再発見の喜びでもある。

自分があれこれと試して、今までにない何か新しいものをつくり出す〈創造の喜び〉、それはもちろん大きな喜びにちがいないが、しかし人間の喜びはそれだけではない。それとは異なる〈再発見の喜び〉、つまり自分たちが捜し、見出す前に、すでにそこにあり、そしてそのなかで、それとともに自分たちは生きている、そういった世界の〈再発見〉の喜びである。そして実は、人間の存在のほんとうの基盤につながる喜びは、むしろこうした〈再発見の喜び〉から生まれてくるのではなかろうか。ところが私たちの社会では、一方的に〈創造の喜び〉ばかりが唱えられて、こういう私たちの生の地盤や基盤につながるような〈再発見の喜び〉は、軽んぜられ、忘れ去られているのではないか。

28 〈責任〉ある〈諦め〉

十月三十一日は、西欧のプロテスタントの世界では、〈宗教改革記念日〉として祝われる。一五一七年十月三十一日に、宗教改革者ルターが、カトリック教会の免罪符〈贖宥状〉販売に抗議して、「九十五ヶ条の提題」を、ヴィッテンベルクの城教会の扉に提示したことを記念するものである。

そのルターのものとされる、「たとえ明日この世界が滅びるということがわかったとしても、私は林檎の苗木を植え続けるであろう」ということばがある。私たちが、種を蒔き、苗を植え、丹精こめて育てるのは、それがやがて花を咲かせ、実を結ぶことを望めばこそであろう。明日この世界が滅び、わが生命が尽きるのであれば、今日種を蒔き、苗を植えて何になるか。しかしルターは、明日の自らの滅びを直視しながら、それにもかかわらず、今日林檎の苗木を植え続けようとする。

一本の苗木がみごとな成木となるには、少なくとも五・六十年は要するであろう。とすれば、その苗木を植えた人は、十中八九、その実りである成木を、自分の手で伐り出すことはあるまい。しかし、自分ではおそらくその実りを手中にはなし得ない人々の労働の積み重ねによってしか、今私たちにわずかに残されている素晴らしい山々の緑は、とうてい存在しえなかったのである。大地に根差したほんとうの仕事には、こういう側面がある。しかし、こんにちの私たちの世界は、一刻も速く自らの労働の成果を手に入れようと狂奔する。そういう仕事は、もはや〈実業〉ではなくて、大地に根差すことのない〈虚業〉となってゆくのは、当然であろう。

〈責任ある諦め〉という言葉は、精神分析学者E・H・エリクソンの“responsible renunciation”の訳語である。〈責任〉を負いつつ〈諦める〉とは、一見奇妙な表現に見える。明日世界が滅び、自らの生命が絶たれると諦めねばならぬのであれば、今日の仕事に責任をもって身を入れることはできなくなる。しかしまた、いかに認めがたいとはいえ、かぎりある人間が、責任を最後まで担い切ることなどもできまい。R・ニーバーの祈りの一節に、「（神よ、）あなたは眠りの生と覚めの生とを定め、私たちに眠りの必要性によって自分のもろさを、そして、昼間のもろもろの幻と責任とによって自分の偉大性を想起させてくださる」と言われる。ほんとうに人間らしい生き方は、明日にも生命が断たれる、かぎりあるその自己を直視しつつ、しかし安らかに眠り、それにもかかわらず、その〈諦め〉によって無責任になるのではなく、今日一日の自らの仕事を〈責任〉をもって担いつつ、それに力のかぎりを尽くすところにある。“responsible renunciation”、〈責任〉を負いつつ〈諦める〉、そこから人間らしい生き方が生まれてくる。

29　受け入れる勇気と変える勇気

二十世紀アメリカのすぐれた神学者で政治哲学者でもあるR・ニーバーは、あるところで、こういうことを述べている。「神よ、変えることのできない事柄については冷静に受け入れる恵みを、変えるべき事柄については変える勇気を、そして、それら二つを見分ける知恵をわれらに与えたまえ。」（『義と憐れみ』）

私たちは、自分が直面している現実を、ただ素直に受け入れるのではなくて、それがなぜであるかを問い、その原因を究明することによって、もしそれがよくないことであれば、そのことがふたたび起こらないようにしようとし、それがよいことであれば、なんとかしてそれをくり返し実現して行こうとする。そこに人間の成長も発展もある。人間がこの〈なぜ?〉という問いと、そこから生まれる探究の心を失えば、学問もあり得ないし、人間らしい生活もない。

しかし人間存在の底には、同時に、〈なぜ?〉という問いでは届きえない深みもある。「バラはなぜなしにある。それは咲くがゆえに咲く」（アンゲルス・ジレジウス）。咲いているバラに、なぜということはない。もちろんそのバラが咲くについても、陽光や水や養分等々と、その原因を数え上げ、究明することはできる。しかしそれは、バラが咲いていることそのものの説明ではない。いのちそのものには、〈なぜ？〉という問いでは届かない、問答無用の底がある。その苦しみ、悲しみ、重さをひっくるめて、「なぜなしにある」その現実を引き受けて、それを担って生きるほかないところがある。死児をかき抱いて「薬を、薬を」と泣き叫ぶ母親に対して釈尊は、今までに一度も死人を出したことのない家から芥子種を求めさせ、それによって「愛別離苦」の現実を直視させ、そこを引き受けて生きるところにしか、苦からの脱却はないことを教えたとされる。古来宗教は、人間存在のそういう問答無用の底を見つめ、それを身に引き受けて生きるところに、人間のありようを求めてきた。宗教にかぎらず、自らの悲劇を予感しながらも、「なんであれ吹き起こるがよい。自分の生まれがいかに／卑小であろうと、わたしはそれをしかと見るつもりだ」と叫ぶ、ソポクレスのオイディプース王も、そこから遠くはないであろう。

しかしこの〈引き受けて生きる勇気〉も、眼の前の現実を変えることができるのに、それを〈変える〉ことにも努めないで、ただそれをそのまま受け入れるものでしかなくなったとき、それは、人が〈変える〉勇気をもてば、変革しうるような状況を、そのままに飛び越えさせてしまうだけの慰めに化する。そのとき、マルクスの「宗教は民衆の阿片である」（「ヘーゲル法哲学批判―序説」）という批判は、正当な批判となる。

30 〈よく〉生きる

脳生理学者の時実利彦は、生命に、四つの生きる姿を見ている（『人間であること』参照）。まず意識のない静的な生命現象である〈生きている〉という姿があり、その保証の上に立って、〈生きてゆく〉という、意識のある動的な生命活動が展開される。その〈生きてゆく〉という姿は、さらに三つの段階に分けられる。その第一は、生まれながらに具わっている機構によって操られる本能行動や情動行動によって、〈たくましく生きてゆく〉姿であり、第二に、学習や経験によって、変化する外部環境に適切に対処して行く適応行動によって、〈うまく生きてゆく〉姿であり、第三は、未来に目標を設定し、価値を追求し、その実現を図ろうとする創造行為によって、〈よく生きてゆく〉という姿である。そして人間が生きるとき、〈生きている〉姿を脳幹・脊髄系が、〈たくましく生きてゆく〉姿を大脳辺縁系が、そして〈うまく生きてゆく〉姿と〈よく生きてゆく〉姿とは新皮質系が、それぞれ分担しているとされる。

人が「生きる」とは、たんに〈生きている〉だけでなく、〈生きてゆく〉のであり、それもたんに〈たくましく〉生きてゆくだけではなくて、さらに〈うまく〉生き、〈よく〉生きてゆくことである。本能的機構によって〈たくましく〉生きてゆく点では、他動物の方がむしろ人間以上であって、この点では人間は「欠陥生物」（ヘルダー、ゲーレン）であると言わなければならないし、学習や経験を通じて、変化する外界に対処しつつ〈うまく〉生きて行く適応行動も、程度の差はあれ、他動物にも見出せるが、しかし人間はさらに、〈よく〉生きてゆこうともするのである。

しかし「よりよく」生きるといっても、いったい何が〈よい〉ことなのかは、そんなに簡単ではない。たとえば、健康であることも、豊かであることも、賢いことも、すべて「よいこと」ではある。しかし健康だけでも、豊かさだけでも、賢さだけでも、「よい」とは言えないだろう。たとえ病の床に臥していても、ただ頑健なだけという人よりもはるかに〈よく〉生きてゆく人はある。ありとあらゆる「よい」ものが、同時に一どきに手に入るというのであれば話は簡単だろうが、そうはゆかず、ときには、ある点からすれば「よい」ことが、ほかの点からは「よくない」こともある。

しかしながら、たとえむずかしくはあっても、いったい何がほんとうに〈よい〉ことなのかという問いをもち続けることなしには、人間として〈よく生きてゆく〉ことなどはできないだろう。ところが今、あらゆる領域で、私たちの社会、私たち自身の頭を占領しているのは、いかに〈うまく生きてゆく〉か、さらに場合によっては、いかに「うまくやる」か「うまく立ち回れる」かになってしまっているのではなかろうか。

31 〈深く〉生きる

宗教的な題材を扱っているのに、少しも宗教的な感動を与えない絵もあれば、逆に、どこにも宗教的なものが描かれていないのに、ふしぎに宗教的としか言えないような深い感動を、見る者に惹き起してくる絵もある。

彫刻家の高田博厚は、シュアレスのルオー評、「あなたの画かれるものはすべて宗教的だ。あなたの道化師も悲しい売春婦も………」を引きながら、画家ルオーについてこう述べる、「〈キリストの顔〉や〈聖書の風景〉を描いたから宗教的なのではない。………ルオーは、自分の宗教的感情のままに――それはまさしく彼が道化師や娼婦を描いたように――キリストの顔を描くのである。これは宗教画ではない。宗教感を感じさせる美である」、「しかし、キリストの顔のルオーと売春婦のルオーとは共に宗教的である。自己の精神的態度がそうであるから、作品を見る者にも宗教感を与える」（『ルオー』）。

ではなぜ、ルオーの描く道化師や売春婦の顔に、キリストの顔と同じような宗教性が感じとられるのだろうか。それはおそらく私たちが、これらの人々の顔のうちに、等しく自分の人生を〈深く〉生きた人を見てとるからであるように思われる。その人が、何を、どのように生きたかではなくて、その人が自分自身の生をどれだけ深く生きたか、その〈深み〉が私たちの心を捉えるとき、私たちはそこに一種の宗教性を感じとるのではなかろうか。

ひとりの人が何を生きたか、どういう生き方をしたかは、外からでも見てとることができる。その人が、この一日何をしたか、それをどれだけなしたかは、他人の眼にも見える。しかしその人が、その一日をどれだけ〈深く〉生きたか、その〈深み〉は、外からはいくら眼を凝らして眺めていてもわからない。深く生きようが、浅薄に生きようが、その一日その人がやったことの外観には変わりはない。

山にのぼり、はるかにかなたの風景を眺めやるとき、車で登ろうが、歩いて登ろうが、見える景色には何の変わりもない。しかしその風景をいかに深く味わい、見ることができるかという点からすると、そこには決定的な差異がある。その奥にひそむ〈深み〉を切り捨てて、何が見えるかだけを問うのであれば、両者のあいだに何のちがいがあるわけではないし、それであれば、車で短時間のうちに効率よく見て、それによって生まれる余った時間を、さらに別の美しい景色に割く方が、もっと多くの風景に出会えるというものである。しかしその一日が平板で、底の浅いものに終わるか、それとも実在感をもったものになるかは、何を、どれだけ見るかではなくて、それをいかに深く味わい、見るかにかかっている。

32　〈しなやかに〉生きる

〈しなやか〉ということばには、「やさしくて美しいこと」（＝繊）という意味と、もう一つ、たとえば「しなやかな肢体」という場合のように、「たわみしなうさま」（＝靭）という意味がある。関節の骨と骨とをつなぐ「靭帯」は、ただ鋼鉄のような強さをもっているというだけでは、身体のスムーズな動きを生み出すことはできない。しかしまた、ただたんに優美な柔らかさだけでは、身体の重みを支えることはできない。どこまでもたわみしなう〈しなやかな強さ〉を具えていなければならぬ。そういう「柔らかくて強い」筋肉のみが、身体のあらゆる運動と力とを生み出す。〈靭〉という字は、「任務」の〈任〉に関係するといわれ、その〈任〉とは、「ことを身に引き受けて耐えるということ」を意味する。たとえば、竹が雪をかぶり、その雪の重みに、地につかんばかりに大きくしないながら、しかしその重みをしっかりと身に引き受けている姿、それが〈靭〉であり、〈しなやかな強さ〉である。

そしてこれは何も身体にかぎったことではない。「強靭な思想」というのは、自分がもち合せている思想の刃で、あらゆるものを切り捨て、自説を押し通し抜く「強硬な思想」のことではない。むしろ、たとえ自分とはどうしても相容れないような思想であっても、それをただ切り捨てたり、あるいは見て見ぬふりをするのではなくて、それとともに生き、その思想がもっている真理や正しさをしっかりと見つめ、それととり組み、その重みをしっかりと自分の背に担いながら、しかもどこまでも自分を失うことのない「しなやかさ」をもった思想のことである。

人が人として生きようとするとき、ほんとうに必要なのは、あらゆるものを蹴散らして行くような「強さ」ではなくて、こういう「しなやかな強さ」ではないのか。あらゆるものをはねつけ、はねのけて進む、鋼鉄のような強さは、人間にふさわしい人間らしい強さとは思われない。人生の重荷をわが身にしっかりと背負い、その重さに押しつぶされんばかりにたわみしないながら、しかし〈しなやかに〉生きる、そこにほんとうに人間らしいといえる人間の強さがあるように思われる。

パウロの言葉、「わたしたちは、四方から艱難を受けても窮しない。途方にくれても行き詰まらない。迫害に会っても見捨てられない。倒されても滅びない」（IIコリント四・八–九）、「わたしたちは……死にかかっているようであるが、見よ、生きており、……、悲しんでいるようであるが、常に喜んでおり、貧しいようであるが、多くの人を富ませ、何も持たないようであるが、すべてのものを持っている」〈同六・九–一〇〉、こういうパウロの〈しなやかさ〉を生み出したもの、それは彼の〈信仰〉というあり方であった。

33 〈共に〉生きる

ローマ一二・一五に、「喜ぶ者と共に喜び、泣く者と共に泣きなさい」とある。一見すると、そんなことは、いとも簡単なことのように見える。同じ幸運にめぐり合わせた者たち同士は、放っておいても共に喜ぶし、同じ悲しみに出会った者たちは、共に泣きあって、お互いを慰めあうのがつねである。

しかし私たちは、いつもみんな一緒に、同じ幸運に出会い、同じ悲しみに出会うわけではない。むしろ、ある人に幸運がほほ笑んでいる、ちょうどそのときに、他の人には苦しみや悲しみが襲っているというのが、人生では常態ですらある。私たちが自分の幸福に有頂天になり、ものがみなバラ色に輝いて見えているときにも、その私のすぐそばには、幸せどころか、苦しみ悲しみにあえいでいる人がいる。逆に、私が苦しみや悲しみに打ちひしがれ、それ以外には何もないかのように見えているときにも、その私のそばには、幸福の絶頂にある人がいる。人が〈共に生きる〉ということは、実は、そういう人々と一緒に生きるということである。

しかしそうなると、〈喜ぶ者と共に喜び、泣く者と共に泣く〉というのは、容易なことではなくなる。同じ幸せのなかにいるならともかく、こちらは〈苦しみ〉〈悲しみ〉のどん底にいるのに、どうして〈喜ぶ者と共に喜ぶ〉ことなどできようか。自分は今喜びから締め出されているというのに、世のなかには喜びと幸運の絶頂にある人間がいる。そのときに、その人の喜びを素直に受け入れ、〈喜ぶ者と共に喜ぶ〉などということは、そんなにたやすいことではない。また逆に、私たち自身は幸せの絶頂にあって、すべてが輝いて見えるときに、その自分のすぐそばに「悲しんでいる人」「苦しんでいる人」を見出すには、よほどの〈想像力 imagination〉を必要とする。しかし、それが見えてこなければ、〈泣く者と共に泣く〉ことなどはできないだろう。今の自分の眼に見えていることだけをなぞって、それが現実だなどと思い込んでいる人間には、〈喜ぶ者と共に喜び、泣く者と共に泣く〉などということは、とうてい不可能なことである。また、自分が悲しんでいるときに、世のなかの人がみな、その自分と一緒に泣いたり、悲しんだりしてくれるはずだと期待する甘っちょろい人間にも、それは不可能なことである。

しかしながら、自分が〈幸せ〉のなかにあると、自分のかたわらにいる人間の〈悲しみ〉や〈苦しみ〉や〈不幸〉や〈涙〉が見えなくなってしまう人間も、そしてまた、いったん自分が〈苦しみ〉や〈悲しみ〉のなかに立たされると、途端にもうそれしか見えなくなって、自分のすぐそばにある〈喜び〉が喜びとして見えなくなる人間も、人間としては、どこか大切なものを失っていると言うべきではなかろうか。

34 〈他者〉と生きる

アメリカの精神分析学者E・H・エリクソンは、人間の一生は誕生から死に至るひとつの旅、過程であって、その旅の過程にはいくつかの特徴的な節目ともいうべき時期があり、そして人生にはいくつかの季節があるとして、人間の生涯に八つの段階を区別し、それぞれの段階にそれぞれちがった〈課題〉があるとする。

第一段階である〈乳児期〉は、乳児がひたすら与えられるものを受けいれ、乳を与え、やさしく抱いてくれる母親（もしくはそれに代わるもの）との一体的世界のなかに生きている時期で、この段階の課題は、何よりも〈基本的信頼 basic trust〉の獲得である。次におしめがとれ、自分で排便行為をすることを身につける段階にもなると、今度は子どもが自分で自分の運動をコントロールし、自分で自分を律する〈自律性〉の基盤を築くことが課題になる。そういういろいろな段階を経て、〈思春期・青年期〉という段階に達すると、こんどは自分とはこういうものだという、自分の〈アイデンティティ identity〉の確立が課題となる。

そのように、それぞれの時期に固有な課題を学びながら、人はようやく〈成人〉の門口に立つ。次に待ちうける〈成人〉という段階は、「職業」の選択や「恋愛・結婚」で始まる。この段階での課題は、彼によれば、「いかにしてintimacy（親密さ）という心理的社会的態度を自分のものにして行くか」ということにある。このintimacyといわれるのは、「自分が何かを失うのではないか、という恐れなしに、自分のidentityを他人のidentityと融合する能力」のことである。「これが自分だ」という自分のidentityをしっかりともち、しかも同時に、まったく異なる他人のidentityと一緒に生き、それとのあいだに〈共同〉を生み出して行くことができる能力、これを彼は〈intimacy〉と呼ぶ。つまり〈自分〉というものを失って〈他人〉に同調し、そのなかに埋没するのでもなく、かといって逆に、〈他人〉の領域までむりやりに〈自分〉を押し込んで、他人までも自分の枠のなかにはめ込もうとするのでもない。しっかりと〈自分〉というものをもちながら、しかも同時に、自分とは異なるidentityをもつ〈他人〉と、ほんとうに一緒に生きてゆくことができる、そういう〈勇気〉をもつこと、それがほんとうに「おとな」になることだというわけである。

「あなたがたの間で偉くなりたいと思う者は、仕える人となり、あなたがたの間でかしらになりたいと思う者は、すべての人の僕とならねばならない」（マルコ一〇・四三－四四）ということばも、こういう〈勇気〉と無関係ではない。人が「おとな」になればなるほど求められてくるのは、こういう〈勇気〉、〈他者〉と共に生きる〈勇気〉なのではなかろうか。

35 もう一つの眼

哲学者のI・カントが、『人間学講義』のなかで、〈キュクロープス〉について語っている。〈キュクロープス〉というのは、ホメーロスの『オデュッセイア』を読んだことのある人にはお馴染みの「一眼の巨人」の名である。

カントはここで、当時の学問の世界を批判して、そこがその一眼の巨人〈キュクロープス〉が生息し、はびこり、のさばりやすい場所になっていることを指摘している。各自が自分のやっている学問の、ものの見方、方法をあたりかまわず、他の領域にも押し広げていって、それで「ものが見えているのだ」と思い込む、そういう一眼の巨人のキュクロープスが、跳梁している世界である。そこで必要とされるのは、その対象を、それとはちがう方向や角度から見ることのできる「もう一つの眼」をもつことである、と述べている。

カントはここでは、もちろん、十八世紀末の当時の学問、とくに大学における学問のあり方を批判しているのであるが、それはまた現代の専門分化した学問に対する警告としても、依然として有効である。がしかし、このことは何も学問や理論にかぎったことではない。日常的な〈常識〉と称されるものにしても、それがあまりに当然自明なものにされてしまうと、これもまたいつのまにか、学問に劣らぬ巨大な一眼の〈キュクロープス〉に化してしまう。そして私たちは、自分のもっている〈常識〉と称する眼で、ものを見、ものを捉えて、それでものが見えているのだと思い込んでしまう。

そしてなお悪いことには、こういうふうに私たちが一つの角度、一つの方向からしか、ものが見えなくなって行けば行くほど、私たちは、その自分の見方や考え方が絶対のように見え、それに自信をもつようになり、その結果、それで自分には何もかもが見えているのだという錯覚に陥ってゆく。このようにして人は、〈一眼〉になればなるほど、ますます〈巨人〉化して行く。そしてほんとうの現実は何も見えてもいないくせに、本人だけは、自分には現実が見えているのだと錯覚し、思い上がるという〈キュクロープス〉がそこにできあがる。

そこで大切なのは、その同じものを、自分のとはちがう方向や角度から見ることのできる、「もう一つの眼」をもつことである。自分の考えや見方が、誤りのない正論だと思え、確信できるようになればなるほど大切になってくるのは、私たちが、自分でも知らず知らずのうちにそういう「一眼の巨人」になってしまう危険に気づいて、それとはちがう「もう一つの眼」をもつことである。その眼を失って、「一眼の巨人」に化したとき、生きた現実も人間も、見失われてゆくほかはない。

36　同質的世界からの脱出

ある人がこういうことを言っている、「都合のいいものしか見ようとしない人にどれだけの世界が見えるだろうか」「自分の問題……は自分で見つけることはできない、……他人に自分のことを問題にしてもらわなければどうにもならないと言った方がいい」（福田定良『宗教との対話』）。

自分で問題を見つけ、自分で考えてみる、そのことはたしかに大切である。しかしそれは、それほど簡単なことではない。各自はすでにそれぞれの色眼鏡を身につけており、それを通してしかものが見えない私たちが、自分で問題を見つけ、自分で考えたからといって、それでもののほんとうの姿、現実の姿が見えてくるだろうか。それよりもまずは、知らず知らずのうちに身につけてしまっている各自の色眼鏡を打ち壊すこと、それこそが、ありのままの、ほんとうの現実を、自分で見る、自分で考える第一歩ではないか。だが知らず知らずに自分の身についてしまっている自分の色眼鏡を、自分自身で気づいたり、さらにそれを自分自身で打破したりすることはきわめてむずかしい。また自分と同類の仲間たちや、自分が馴れ親しんできた考え方や生き方といくらつきあっても、それからどれほどの世界が見えてくるだろうか。今までの自分とは異なるものや、自分が馴れ親しんでいるものの見方、感じ方、考え方、生き方とはちがうものと出会い、それとかかわり合うなかで、人は今までに知らなかったものの真相に眼を開かれる。自分の馴れ親しんだものとは異なるものと共に生き、感じ、考えることによって、人は人間としての深さ、豊かさを獲得する。

「自分の嫌いなことをすることが現実的になることだ」「嫌いなこと、異質的なものにふれることによって、人間は現実的になりうる」（中村雄二郎『哲学入門』）。自分の好きなことや、自分と同質的なものとだけかかわっていると、万事はスムーズに進む。しかしこのスムーズさがくせものである。スムーズな進行にいい気になっていると、いつのまにか私たちは、現実の表面だけをなぞって、それで現実にふれているかのように錯覚する。たとえば、自分が馴れ親しんだ、日本人にだけ通用する見方、考え方だけで、現実にふれているかのような錯覚に陥る。スムーズさは失われるにしても、異なる社会や世界のものの見方、感じ方、考え方とつき合ってみる、それがほんとうの現実にふれる道なのではなかろうか。

同質的なもののなかでぬくぬくと生きようとし、異質なものへの鋭敏な感覚を失った人間は、知らず知らずのうちに、深さも、豊かさも失う。異質なものへの眼を閉ざした社会は停滞し、活力を失う。私たちに大切なのは、同質的世界に泥《なず》まずに、異質なものに対して眼を開く勇気をもつことである。

37　人間の虫のよさ

イエスの「盛大な晩餐会のたとえ」（ルカ一四・一五―二四）に、ある人の晩餐会にあらかじめ招かれていた人たちが、ことごとくその晩餐会には出席できずに、かわってほかの人たちが出席することになるという話が出てくる。このたとえによってイエスは、すべての人に向けられている神の招きが、それにもかかわらず、かぎられた人々にしかはたらかないことを示そうとしている。

招かれた人たちはみな、出席するという返事をしていた。ところがいざ当日になると、さまざまによんどころない事情が生じる。ある人はちょうど購入した土地の検分に行かねばならなくなり、ある人は買うことになった牛を見に出かけなくてはならず、またある人は結婚したばかりで手が離せない。そのほか、一人一人それぞれにやむをえない事情が生じて、結局、招かれてあらかじめ出席の返事をしていたたくさんの人たちが、みな断ってしまうことになる。怒った主人は、ほかの人たちを呼び入れて、その席を埋めてしまい、その人たちはその晩餐会から完全に締め出されてしまうことになる。

断った人たちも、できることなら出席したかったのだ。だから彼らは前もって、喜んで出席するという返事をしたのだった。しかしいざ当日になると、招きに応じてそれに出席するためには、今自分のしかけている仕事やら、自分の予定やら計画やら、その他のことを、すべて中断もしくは断念しなければならない。そうなると誰もが、二の足を踏む。行きたいのは山々だが、残念ながら断らざるをえない。その結果、彼らはみな、その場に出席しそこなったというのである。

イエスはこのたとえを、「神の国で食事ができたら、どんなに素晴らしいことでしょう」と言った人に対して語っている。人間はそれぞれに、「そうなったらどんなに素晴らしいことだろうか」という願いを懐いている。しかしその当人が、自分の手で、そこへの招きを拒絶しているということもあるのだ。人間は、今自分がしていること、考えていること、また自分が歩きなれている生き方、それらを中断したり断念するのはごめんだが、それをそのままに続けながら、そのほかに何かもっといいものが手に入らないものかと願いつつ、それを捜しまわっている。しかしまさに、その人間の〈虫のよさ〉が、それをその人から失わせる。

自分の語りなれたことばだけを語り、考えなれた考え方だけで考え、馴れ親しんだ生き方のなかにはまり込んで生き続け、それらを後生大事にかかえ込んだままで、「ほかに何かいいことはないか」と捜しまわる。その〈虫のよさ〉こそが、私たちから大切なものを奪い去っている元凶ではないのか。そういう〈虫のよさ〉が、かえって私たちを行き詰まらせているのではないのか。

38 〈情報〉の功罪

何かをしようとするときには、何の準備もなしに取りかかったのでは、成功はおぼつかない。相手を前もって充分に知っておくことが必要だ。「敵を知ることが、敵に打ち勝つ第一歩」とばかりに、自分がこれから取り組もうとしている事柄や相手について、手に入るかぎり多くの情報を集める。多いに越したことはないというので、情報集めに狂奔する。しかしそうなると、情報の洪水のなかで、どうしてよいか分からなくなる。

そうすると、学者やら識者たちが現われて、情報のもつ危険について語ってくれる。現代の情報化社会では、情報の氾濫のなかで、誤った情報に足をすくわれないために、誤った情報と正しい情報とをきちんと見極め、それを正しく選択する能力を養わなければならない。そう言って、正しい情報の選び方と称するものを、いろいろと伝授してくれる。その方法をさまざま教えてもらっているうちに、そのことで逆に私たちは、ますます情報を手に入れるという悲喜劇にもなる。まわりを見回せば、これに類する悲喜劇は、いたるところにころがっている。

しかしでは、〈正しい情報〉でさえあれば、それはもてばもつほど結構だ、などと簡単に言えるのだろうか。非行少年を収容するある教護施設の校長先生が、こういうことを言われている（谷昌恒

『ひとむれ』）。その施設には、毎年全国から社会福祉を専攻する学生たちが実習にやってくる。その実習生がまず要望するのは、これから自分がかかわる少年たちのこれまでの記録、ケース・レコードを読むことだそうである。彼らにすれば、間違いない対応をするためには、その少年たちについて正しい正確な情報をもっていなければ、と思うのだ。しかしその校長先生は、それこそ一番間違った態度ではないかと問われる。「本人が忘れており、忘れ去ろうとしていることを、私達はいかなる権利をもって、ほじくりだし、記憶し、固定した眼で少年を見ようとするのですか」「何のために見るのですか。ここの少年のただの一人とも具体的に触れ合わないうちからその記録を見たいと言う。………彼らの記録を見たあとでも、それに捉われないで彼らと接触できるなどと思い上がらないで下さい」と言われる。

この話は、〈正しい情報〉でありさえすれば、もてばもつほどいいのだ、とはかぎらないことを教えてくれる。情報にかぎらず、今の日本の社会は、寄ってたかって、いいものなら何でも、「ないよりあるに越したことはない」と思っている。お金も、車も、家も、地位も………。しかしそう言っているうちに、いつのまにか、それに足を取られて、しかもそのことに気づいてもいない状態になっているのではないか。それを根本から見直し、「ない方がむしろいいこともあるのだ」と一度発想を転換してみる方が、この国が健全になる道ではないか。

39　無駄によって支えられた生命

日本の生命科学研究を代表する一人である中村桂子氏の近著に、『生命のストラテジー』（松原謙一氏との共著）という書物がある。

中村氏にはこれまでにも啓蒙的な著書があり、われわれのような門外漢にも生命科学の一端を覗かせてくれている。中村氏のよくなされる主張の一つは、同じ生命といっても、細菌やウイルスなどがとっているストラテジー（戦略）と、人間をふくむ高等生物の生命系がとるストラテジーとは、まったくちがうところがある。たとえば大腸菌なら、ＤＮＡ遺伝子はすべてが有効に利用されている。しかしヒト細胞のなかのＤＮＡ遺伝子には壮大なムダがある、と言われる。

一個の卵子と一個の精子との受精の裏に展開する無数の精子という壮大なムダ、その受精卵が一つの体になって行く多細胞生物の発生・分化の過程そのものに組み込まれ、プログラムされている膨大な細胞の死、そして体ができ上がってのちも、胃の粘膜細胞のように二日しか寿命のない細胞をはじめとして、莫大な数の細胞がたえずつくられ、はたらき死んで行く。それらをふくんで、われわれの生命系は成り立っている。免疫を司る細胞でいえば、ヒトの一生の間に侵入する可能性のある一〇〇万種以上の異物に対して、それを確実に感知し、対処し処理し得るために、何百万種の受容体を準備して待ち構える。遺伝子系でいえば、人間のＤＮＡ遺伝子の九五パーセントはあまりはたらいているといえず、全体としてはたらいているのは、ＤＮＡのごく一部にすぎないと言われる。

ところが人間をふくむ高等生物の生命系は、こうした壮大なムダを、「〈はたらきのないもの〉として排除してしまわずに、あるがままに大切に複製して次の世代に受け渡している」とされ、「われわれは、〈速く、たくさんに〉というストラテジーを放棄して、代わりに〈ゆっくり、安定に〉を採用した生物」なのだとされる。そしてこう言われる、「現代が大事な価値観の一つにしている合理化、効率追求という立場から見たら、軍配は完全に細菌やウイルスのほうに上げられるだろう。しかし、生命の中にそれとはまったく違うストラテジーで造り上げられた一群の生物のほうに人間が所属しているということは憶えていてよいことではないだろうか。」

一見ムダと見えるものを切り捨て、〈速く、たくさんに〉という合理化、効率追求のストラテジーだけで動いている生き方、またそれが一元的に支配している社会では、結局、こういう〈生命〉は切り捨てられてゆくほかはない。そこからは、「生命の尊重」の思想などは現われてきようもないのではなかろうか。

40　還元主義

日本の生命科学研究のパイオニアの一人で、またリーダーの一人でもある中村桂子氏は、最近いろいろなところで、〈生命科学〉から〈生命誌〉へ、ということを説いている（『生命誌の扉をひらく』『生命科学から生命誌へ』参照）。

二十世紀の生物学は、すべての生物の細胞は、その構成物質にも、またその内部の反応にも共通性が見られるとして、その共通性を探るかたちで進歩してきた。とりわけ一九五二年のワトソンとクリックによるＤＮＡ二重らせん構造の発見をきっかけに、生物を構成している分子の構造やその相互作用が急速に解明された。そして生命の根本にかかわる遺伝子では、ヒトもサルもイヌもバラも、あるいは酵母や大腸菌さえも、たいへんよく似ていることが明らかにされた。けれども、それで生命の本質が取り出せたのか？　生命の特徴は、そのように基本の基本には同じ機構がはたらいているのに、しかし、イヌはイヌ、バラはバラと多様なあり方で生きているところにある。とすれば、その機構の共通性を取り出す〈生命科学〉を土台にしながら、それを越えてさらに、その生命のもつ多様性を描き出す〈生命誌〉にまで至らなければ、ほんとうに生きている生命の本質も、面白さも見えてこないのではないかというのが、中村氏の主張である。

複雑な現象を、より単純な事象に〈還元〉して考察することは、その現象のある側面を分析し、浮かび上がらせるのには不可欠な、大切な操作である。しかし、生きている生命は、生命現象をただ、その構成要素である分子のシステムのなかの物質の相互作用に〈還元〉するだけでは、見えてはこない。このように、より単純なものに還元するだけで事おわれりとし、それでもとの現象を解明し得たと思う〈還元主義〉は、何も生物学にかぎったことではない。政治や文化を経済構造に還元し、儀礼や神話の意義をその社会効用に還元するのもそうである。V・E・フランクルも言うように、三次元の立体の円柱や円錐や球を、一次元単純な二次元の平面に投影すれば、まったく同じ円となる。しかし二次元の平面において同じ円であるからといって、三次元空間ではまったく異なっているということが変わるわけではない。

同じような〈還元主義〉は、私たちの日常の生活のなかにもはびこっている。「なんだかんだ言ったって、結局は～にすぎないじゃないか」、こういうことばで、さまざまなちがいやニュアンスをもった多様な現実を、より単純な次元に還元して、それで人間の現実が見えているかのごとくに思い込む還元主義である。しかし現実の人間は、「結局は～にすぎない」ものを、さまざまに工夫しながら、そこからきわめて多様なあり方、生き方を生み出しながら生きて行く。その多様性を抜きにして、人間らしさはないであろう。

41　〈知識〉と〈愛〉

日本の数少ないノーベル賞受賞者の一人である物理学者朝永振一郎氏は、『物理学とは何だろうか』下巻に収められた講演「科学と文明」のなかで、〈二十世紀のパラドクス〉ということを語っている。十九世紀までの科学者は、科学によって新しい機械や製品を生み出せば、それが人間の幸福に役立ってゆくのだと単純に考えることができた。しかし二十世紀になると、核分裂による巨大なエネルギーの開発のように、科学が異常な可能性をはらみ、しかもその可能性が人間の制御能力を超えることに、科学者自身も大きな恐れをいだかずにはおられなくなった。にもかかわらず、科学者は今もなお、その恐ろしいものを、知のかぎりを尽くしてつくり続けている。しかもその異常さ、脅威が大きければ大きいほどますます、科学者や技術者はそれをつくることに狂奔する、といったひじょうに逆説的な状況が、現在の社会の構造のなかにあると言われる。

科学の法則も、それに基づく技術も、いつでもどこでも誰にでも成り立つという普遍性を具えている。自分が何かを発見しても、それと同じ着想は、ほかでも見出しているかもしれない。もしかすると先を越される。その一瞬の遅れが致命的な敗北になるやも知れない。それが恐ろしいものであればあるほど、後れをとることへの恐怖は増大する。自然や人類の将来への影響など、とやかく言ってはいられない。ともかく一刻を争って、その着想の実現・実用化へと邁進する。社会の福祉などのことなら、少々他国に先を越されても、致命的な打撃にはなるまい、そんなことはあと回しにしても、開発競争には勝たねばならぬということになる。

今日の科学技術を特徴づけるのは、実用化のスピードである。昔はある原理の発見から、その実用化までには長い時間を要した。そのあいだに、それがもたらす利益も害禍も知られて、実用化に際しては、それを有効に利用する方法と同時に、そこから付随的に生じる様々な問題をコントロールする方策を考慮し考案する時間的余裕もあった。しかし今や、その新しいものが、人間に対してどういう付随的な問題やマイナスを引き起こすかなどを考えている余裕はない。いつ先を越されるかわからないという不安のなかで、ともかくも実用化へと見切り発車せざるをえない。

しかしこういうやり方から、人間のいのちや、まして生きとし生けるもののいのちを大切にする方向など、生み出されてくるのだろうか。使徒パウロはこう語る、「知識は人を誇らせ、愛は人の徳を高める。」（Ⅰコリント八・一）私たちの社会は、今述べたような〈先取権 priority〉を争う〈知〉の原理とともに、それとは異なるもう一つの原理を必要としているのではないであろうか。

42　成熟した技術

原子核の理論的研究や天体物理学の研究で世界に名高いC・Fr・v・ヴァイツゼッカーは、また核武装に反対した「ゲッティンゲン宣言」を指導した人としてもよく知られている（もっとも最近のわが国では、ドイツの現大統領R・v・ヴァイツゼッカーの兄としての方が知られているのかもしれない）。彼はもともとは理論物理学者であるが、哲学する物理学者としても知られ、七十歳を越えた数年前にも、その方面で意欲的な大著を書いている。そればかりでなく彼は、現代の世界がかかえている緊急の問題に対して、世界的な取り組みを構築するべく、精力的な活動を続けている。

その彼が五年ほど前に、『時は迫れり』という書物を書いて、現代の世界に迫りつつある危機を世界に向けて語りかけ、世界がともに手を携えてその事態に当たるべきことを訴えて、大きな反響を生んだ。彼はそこで、われわれの現代世界が直面している緊急の問題を、〈正義〉と〈平和〉と〈自然・環境の保全〉にあるとし、しかも大切なことは、これらの三つの問題は、相互に深くかかわり合っていて、〈正義〉なくして真の〈平和〉はなく、また〈平和〉なくして、真の〈自然の保全〉も可能ではないと主張している。

その一節で彼は次のようなことを述べている。「技術の魅力は……技術的に可能なことすべてを遂行することが進歩的………技術的な態度であると、わたしたちにおもわせる………しかしそれは、進歩的どころか、実は愚かなことである。成熟した技術的行為は、それとはまったく違ったものであり、技術的な道具を、あくまで目的に至るための手段として利用する。………いかなる道具も自己目的ではない。自己目的であるかのようなふりをする技術文明は………全体として、未だ非技術的なのである。」私たちのまわりには、次から次へと技術的に可能なことが生まれてくる。しかしそれらをどのように組み合わせ、どのようにしてはたらかせることが、人類もふくめた地球全体にとって最も幸福なのか、その視点を欠いた技術のひとり歩きは、かならず大きな問題を引き起こし、とり返しのつかない結果を生む。

このことは何も科学技術にかぎったことではない。経済行動とて同じであることは、昨今のわが国の現状を見ても明らかであろう。ヴァイツゼッカーはこう述べる、「わたしたちの生存は………表面的には自分たちが経済的に自由にできるかのように見えている財を、社会全体が意識的に断念すること、これがわたしたち人間に可能になるかどうかに、かかっている。」

43 ある政治家の演説

岩波ブックレットに『荒野の四十年』と題する小冊子が収められている。原題は『一九四五年五月八日――その後四十年』というのだが、今からちょうど五年前の一九八五年五月八日、第二次大戦のドイツ敗戦四十周年西ドイツ連邦議会記念式典で、R・v・ヴァイツゼッカー現大統領が行なった、有名な演説である。

敗戦後すでに四十年を経過したこの日、彼はまず、「五月八日は想い起こすための日である」と訴える。それもただたんに過去を思い出し、回顧するだけでなく、「想い起こすとは、一つの出来事を誠実にかつ純粋に思い起こし、それが自分自身の内奥の一部にまでなってゆくことである。」あの戦争の現実の姿を、自分の血肉に化するまでに心に刻み込むことを、あらためて西ドイツ全国民に訴えたのである。

この日に想い起こすのは、戦死した自国の兵士、空襲爆撃で死んだ同胞たちだけではない。ナチス強制収容所で殺戮されたユダヤ人をはじめとして、戦場となって苦しんだ国民、とりわけソ連・ポーランドの死者たち、虐殺されたジプシーたち、同性愛者たち、精神病患者たち、宗教的信念・政治的信念に殉じた死者たち、またドイツ国内の市民・軍人・教会人・労働者・コミュニストらレジスタンスの犠牲者たち、さらにそういう積極的抵抗運動には加わらずとも、良心を枉げることを拒否して死を選んだ人たち、そしてそれらの死者のかたわらに山をなす人々の苦しみ、愛する者の生命を奪われた者の苦しみ、負傷・廃疾の苦しみ、暴行・略奪・不正・拷問・強制労働の苦しみ、それらのすべてを心に刻み込む日、それがこの五月八日という日であるべきだというのである。

そしてこれらをしっかりと心に刻み込むならば、今私たちが何を大切にしなければならないか、ということもまた明確に見えてくる。そして彼は、「しかし過去に対して眼を閉ざす者は、現在に対しても眼を閉ざす。過去の非人間的な出来事を想い起こそうとしない者は、くりかえしそういう危険に染まって行く」と語る。

都合の悪い過去はいち早く水に流そうとし、教科書検定では「侵略」を「進出」に言い換えさせ、八月十五日の敗戦の日ともなれば、自国の戦没者兵士の「英霊」だけをもち上げる日と考え、ときに隣国から戦争責任を迫られると、慌てふためいて「謝罪」をくり返し、何とかその場を切り抜けようとするわが国の政治家の姿勢に、この演説を重ね合わせるとき、人間の〈責任〉というものに対する、私たちの精神風土の歪みがあらわになる。〈責任〉をしっかりと背負おうともしない者が、〈謝罪〉をいくらくり返してみても、〈不実〉という非難をまぬかれることはできないであろう。

44　記憶を喪失した社会

スイスの思想家M・ピカートは『われわれ自身のなかのヒトラー』で、毒ガスで何百万のユダヤ人を虐殺したナチ党員を日常生活に戻せばどういう姿になるかについて、こう述べている、「何かの買物をなさるときに、万一あなたが思いちがいをして、この毒ガス犯人に五十円余分にお支払いになるようなことでもあれば、この五十円をあなたに払いもどすために、彼はあとを追って一キロあまりもとんで来ることでしょう。そのうえ、あなたに追いつく途上で……わが子にやろうと思っていた一切れのチョコレートを、泣いているどこかの子どもに、くれてやりさえするだろう。」

残忍きわまりないナチ党員も、一歩日常生活に戻れば、誰にも負けないほど人の好い、誠実で、愛想のいい人間に早変わりする。しかしそこにこそ、ほんとうの怖ろしさはある。「怖ろしいのは、われわれがこの殺人犯を、まるでこの男によってなんの殺人罪も、なんの毒ガス犯罪も決しておこなわれはしなかったかのように、至極あっさりともとの市民的な職業に連れもどることができるということ……そのような人間が、自己の犯した殺人罪をさらりと忘れてしまうことだ。」それとまったく同じようにして、今日は店先などできわめて人の好い顔をして座っていたりする人間が、「明日には、あたかも、人を殺し、人をガス攻めにする以外のことはかつてしたことがないかのように、またまた殺人をあえてし、毒ガス地獄の悪鬼となることができる」ことだ。「彼が切手や葉巻を売っているときには、彼の心のなかにはそれらの品物を売ること以外には何もない。……生まれおちるからそれ以外のことはしたことがないかのようでさえある。」しかしまたそれとまったく同じように、「殺人の瞬間には彼の内部にはただ殺人行為のみしかない」のである。このように、内面的連関を完全に喪失し、記憶を喪失した人間こそが、あのナチスの出現を可能にしたのだとピカートは主張する。

高御座からの即位の礼、天皇をふたたび国家的祭祀の執行者としかねない大嘗祭、はては突然の海外派兵問題、われわれの国は、いつ国家神道下の自国の軍国主義時代を忘れたのか。「今は時代がちがう、そんな危険はない」としたり顔する官僚政治家や、それに与する学者たちは、今日の善人が状況次第では明日にはナチスにすらなりうるという、この人間の怖ろしさに無知である。その尻馬に乗る国民は、いつかまた破局がやってきたとき、「自分たちはだまされた被害者だ」と言い抜ける。「過去に対して眼を閉ざす者は、現在に対しても盲目になる。過去の非人間的な出来事を想い起こそうとしない者は、くり返しそういう危険にそまりがちである」（R・v・ヴァイツゼッカー）という警告は、今こそ真剣に聞かれねばならないのではないか。

45　人が言葉を失うとき

詩人の石原吉郎は、その著『望郷と海』で、戦後八年に及んだ、彼のシベリア強制収容所での体験をふり返りつつ、こんなふうに書いている。

「強制収容所の日常をひと言でいうなら、それはすさまじく異常でありながら、その全体が救いようもなく退屈だということである。一日が異常な出来事の連続でありながら、全体としては『なにごとも起こっていない』のである。」もちろん強制収容所は、異常というほかない生活の連続である。しかしそのすさまじいまでの異常も、それが今日も明日も果てることなく続いて行くとき、異常きわまりないままで、それが日常的なものに化する。それにつれて人間たちは風化され、一様に均され、〈平均化〉されて行く。そうでなければ、この異常の連続の日々をとても生き延びては行けない。V・E・フランクルの言葉をかりれば（『夜と霧』）、囚人たちは「ほとんど同じかたちで周囲に反応し、ほとんどおなじ発想で行動しはじめる。」皆がみな、朝から晩まで、同じものを、同じ眼で、同じように見ているだけ、そしてお互いはお互いにとって、何もかも〈わかりきった存在〉となり、「いつその位置をとりかえても、混乱など起こりようもない」という事態になる。

そういうなかで、人はことばを失い、〈失語〉が進行して行く。それはまず〈形容詞〉に現われる。すべては「見てのとおり」であり、人はみな同じものごとを、同じ眼で見、同じように知っている。その「あたりまえの、わかりきった」現実を、あらためていろいろな形容詞を使って追いかけてみてもはじまらない。次いで〈代名詞〉が失われる。同じ眼で見、同じかたちで反応し、同じ発想で行動するだけになってしまった人間にとって、〈私〉という一人称と〈あなた〉という二人称との区別、その〈あなた〉と〈彼・彼女〉との区別など、まったく意味を失う。かくして、眼前に起こってくる事柄をいくらことばにしようとしても、それはただ「わかりきったこと」を「わかりきったままになぞる」だけのものと化し、ことばは空しくなり、ことばが失われて行く。そこで辛うじてことばが生き残ったのは、彼らがまだ一人一人ちがった姿をもっていたころの〈過去〉の自分を語るときだけであった、と述べている。

この〈失語〉は、強制収容所の生活の〈異常〉のゆえに生じたのではない。人間が完全に均され、同じ眼で見、同じかたちで反応し、同じ発想で行動するだけという仕方で〈現実〉が共有されるところで生じる。そこから見ると、ことばが〈氾濫〉しているといわれる今の時代、しかし実はそのことばは、お互いにわかりきっていることをなぞり合い、相槌を打ち合っているだけではないのか。日々に「くすしきみわざ」を歌う「新しき歌」（『詩篇』九八・一）としてのことばは、ますます失われつつあるのではないか。

46　新しき歌を

『詩篇』の第九六、九八編の歌はともに、「新しい歌を主にむかってうたえ」という呼びかけではじまる。これらの歌は、当時ユダヤ人たちが、新年にエルサレムに集まり、ともに礼拝をささげた新年の祭りにおいて、集まってきた会衆たちに向かって、合唱隊が歌い、呼びかけた歌であるといわれる。しかし「新しい歌」への呼びかけは、何もユダヤ人にかぎらず、年頭に立った私たちすべてが、そう呼びかけられているのではないであろうか。

どんなに珍しく、新鮮に見えた世界も、毎日毎日それとつきあっていれば、やがて人間はそれに慣れ、見飽きて、退屈してゆく。ドストエフスキイは、『死の家の記録』のなかで、「人間というものは、すべてのことに慣れることができる生きものだ」と語っている。私たちの外側に展開するイヴェントは、次々ともの珍しい見せものを見せてはくれる。しかし私たち自身が生きている現実の日常の世界は、珍しくもないことのくり返し以外の何だろうか。そうであれば、毎年毎年「新しい歌」を歌うことなど、この現実のなかに生きている人間には、およそ不可能ではないのか。

しかし詩人R・M・リルケはこう語る。「もしあなたの日常があなたに貧しく思われるならば、その日常を非難してはなりません。あなた御自身をこそ非難なさい。あなたがまだ本当の詩人でないために、日常の富を呼び寄せることができないのだと自らに言いきかせることです。」（『若き詩人への手紙』）私たちの日常は、私たちの眼には、十年一日のように色あせて見える。しかしその日常も、ほんとうの詩人の眼を通して語り出されると途端に、その同じ現実から無限の豊かさが生まれ出てくることは、ほんとうの詩というものに出会うとき、誰もが体験することである。しかしこれは何も「詩人」にかぎったことではなく、私たち一人一人が生きるということにもかかわることである。いわば「人生の詩人」ともいうべき人は、私たちには見なれた、退屈きわまりない日常の十年一日の日々を、毎日毎日、生き生きと、新鮮に生きている。

ではどうしてこういうことが可能となるのか。リルケは語る、「人類の最初の人間であるかのように、あなたが見、体験し、愛し、また失うものを言うように努めてごらんなさい。」私たちはいつも、すでにひとが見、感じ、体験し、整理し終えたところによりかかって、ものを見ようとし、あるいはまた、昨年の眼で、今年の眼の前の現実を見、また処理しようとする。そうではなくて、今はじめて生まれ出る者の眼をもって、自分が今生きている「今」を見つめる。そこから「新しい歌」は生まれ出てくる。それとともに、この新しい年が秘めている豊かさ、ふしぎさも見えてくる。

47　真夏のクリスマス

今年も冬がやってきて、クリスマスの季節になった。クリスマスは、冬のさなかに、まばゆいばかりに光がみちあふれる時である。最近は日本でも、ここかしこで、ホワイト・イルミネーションも大はやりである。一人ぼっちの旅人として、ヨーロッパの冷たく暗い冬の夜をすごすときには、この光が「暗きに照る光」のように思われて、いっそうクリスマスへの思いをかり立てられる。

私たちのクリスマスは、このように大半は、白い雪と暗い夜、そのもとでの光にみちた光景と結びついている。しかしこの季節になるといつも思わされることがある。それはきわめて簡単な事実だが、これらはあくまで北半球に住む私たちのクリスマスでしかないということ、同じクリスマスが南半球では、夏のさなかの出来事なのだということである。同じことは逆に、灼熱の太陽のもとでサンバを踊りまわるリオのカーニバルが、私たちにとっては真冬の二月の出来事だということにも言える。そして事実、ヨーロッパのカーニバルは、しばしば、冷たい雨のそぼ降る曇り空のもとで行われる。同じくカーニバルとはいっても、まるでちがったものに映る。これはたんに季節のちがいではすまされないように思われる。南半球の人たちの地図は、私たちの眼からすれば、南極を上にして、世界中がひっくり返しになっている。北半球の私たちが自然に思い描くクリスマスと、南半球の人たちのそれとは、よほどちがっているのではなかろうか。

　現に北半球に生まれ、そこで育ち、そこで今までずっとクリスマスを迎えてきた人間にとっては、クリスマスは、白い雪と暗い夜、そのなかにあふれる光、それらと分かちがたく結びついた各自の喜びや悲しみさまざまに織りなす体験とは、切り離しては考えられまい。そしてそこを離れて、クリスマスの意味も喜びも考えられはしないだろう。しかしまた、ちょうどそれと同じときに、真夏の灼熱の太陽のもとで、同じクリスマスを迎えている人たちがおり、その人たちがクリスマスに対していだく連想や喜びは、私たちとはかなりちがったものであるかもしれない、ということに対する感覚は失ってはならないように思う。そしてそれはさらに、同じ北半球に住む者同士のあいだにも、言えることではなかろうか。私が喜びにあふれているとき、まわりのすべての人が、同じ喜びに浴しているわけではない。そういうことに対する鋭敏な感覚が、私たちの社会では失われつつあるのではないか。

　そういう人間同士のあいだに、どうしたら「喜ぶ者と共に喜び、泣く者と共に泣く」（ローマ一二・一五）ということが実現するのか。北半球の人間の喜びが、どうしたら南半球の人々のものともなるのか、そこに私たちの課題がある。

48 待降節《アドヴェント》

アドヴェントの季節に入った。教会などにあっては、この第一日曜日から、壇の上に一本のろうそくが灯され、日曜日が来て新しい週に入ると、それに一本ずつ加えられ、二本、三本、そして四本になったところで、クリスマスを迎えることになる。キリスト教にとっては、クリスマスは救い主イエスの誕生を記念し、祝う日だから、アドヴェントは、その救い主の誕生を待ち望む人間の姿勢の表現である。

新約聖書を開いてみれば、その開巻第一頁はカタカナの人名の羅列である。イエスの誕生、クリスマスの物語に先だって、「イエス・キリストの系図」と称して、見知らぬ人名が長々と列挙される。これは、クリスマスにおけるイエスの誕生が、実は、旧約聖書に描かれた千数百年の歴史がずっと待ち望み続けてきたことの実現なのだ、ということを言い表わそうとしているのだといえる。

その旧約の人間たちの、長い長い「待望」の歴史を示す系図を、マタイの著者は、アブラハムからダビデまで、ダビデからバビロン捕囚まで、バビロン捕囚からキリストまで、という三期に区分する（マタイ一・一七）。旧約の叙述を読んでみると、この三つの時期区分の背後には、明確な理解が存在していることがわかる。アブラハムからダビデまでの第一の時期は、ユダヤの人々にとって、アブラハムに対してなされた神の約束が、幾多の紆余曲折を経ながらも、少しずつ実現して行き、ダビデ王のもとでまさに成就したかに思えた時期である。ところがそのようにして築き上げられた人間の栄華が、次々と崩壊して行き、ついにバビロン捕囚に至って、もう望みは絶え果てたかに人々には思われた時期、これがダビデからバビロン捕囚までの第二期である。そして第三期は、望みが絶え果てたそのバビロンにあっても、人々がなお、望み得ないのに望みつつ、信じて生きた時期であり、そしてその終わりにイエスは誕生し、待ち望まれたことは実現したのだというのである。つまり、待ち望まれたことの実現は、私たちの眼から見て、次第に未来が開けてくるように思えている時期や、また逆に、もうだめだ、望みは絶え果てたとしか思えなくなってしまった時期、それらの時期をのり越えながらも、やがてやってくる。人間のほんとうの希望は、このようにして実現するのだ、というメッセージである。

これは、人間の〈希望〉ということについて、ある大切なことを語っている。私たちは自分の思いどおりにことが運ぶと、すぐに得意になるくせに、逆に少しうまく行かないと、すぐに絶望し、諦めてしまう。しかし、望み得ないのに望みつつ、未来の実現を望み信じて、じっと、もちこたえる。ほんとうに何かを〈待ち望む〉のには、こういう姿勢が必要なのではあるまいか。

49 背負うて生きる

マタイ福音書冒頭のクリスマス物語では、クリスマスの救い主の誕生を待ち望む歴史を物語る長い系図のあと、「イエス・キリストの誕生の次第はこうであった」(一・一八)ということばで、イエスのいわゆる処女降誕の物語が始まる。ここを読むやいなや、私たちの頭を占領するのは、〈処女降誕〉などといった荒唐無稽なことが存在したはずがない、これは後世の作り話である、といったたぐいのことである。

しかし、聖書の本文を正確に読めば、ここにはそれとはひじょうにちがったことが語られていることがわかる。つまりここでは、「マリアの身に起こったこと」がどうこう言われているのではなく、そのマリアの婚約者として、のちに彼女をわが妻として迎えるヨセフという男が、それをどう受けとめ、それにどう処したか、つまり、「ヨセフはその出来事をどう背負うたか」である。ルカ福音書とはちがって、マタイ福音書のクリスマス物語の主人公は、マリアではなくて、ヨセフという男である。

ところが奇妙なことに、主人公であるはずのこのヨセフは、しかしこの物語のどこにも、ただの一言もことばを発していないのである。そして第二章でクリスマス物語が終わると、それ以降は、彼の姿かたちもかき消えてしまう。自分の婚約者の身に生じたとうてい理解しがたい、しかも堪えがたく重い現実、しかし彼は、一言も発せず、黙々と聞き、黙々と受け入れ、それを自らに背負うて生き、そして姿を消して行く。

イギリス中世劇研究の石井美紀子氏の最近著『神の道化師』は、そのヨセフ像の変貌の歴史を、聖書からイギリス中世劇まで辿るものであるが、クリュソストモスからの引用のなかで、「ああ、おれはどうしたらいいのだろう。マリアの顔つきはけがれない乙女そのままだ……それなのに、身体つきは乙女のそれではない。まさに母にならんとしている者の身体つきだ」と思い悩むヨセフに向かって、彼を愛するマリアも、しかし、こう語るしかない、「真相をさがし出そうとされても、けっして見つからないでしょう……どなたも、これからお生まれになる方のお父さまにはなれないからです。」

「なぜ？」「どうして？」、いくら問うても、マリア自身にすら説明ができない。「なぜなのか？」という問いや、それに対する答えなどでは、とうてい届くことのできない〈深み〉が、人生の現実にはある。人生の、その問答無用の底、それはただ、ヨセフのように、黙って身に引き受けて生きるほかはない。そこでは、「なぜなのか？」と問うたり、答えたりすることが、逆にその人の生の〈浅さ〉をあらわにする。身に負いきれぬほどの重い現実を、黙々と背負い、一言も発せぬままに歴史の舞台から消えていったヨセフの姿に、そういう人間の〈深み〉を生きた人を見る思いがする。

50　星への遥かな旅

マタイ福音書のクリスマス物語（二・一―一二）は、「東からきた博士たち」がクリスマスの出来事の最初の目撃者になったと伝える。彼らは遠い東の地で暗夜に輝く一つの星を見、それを求めて、自らの故郷を後にし、沙漠を越えての遥かな旅の果てのベツレヘムで、ついに人知れず生まれた幼な子イエスにまみえた、と語る。

それと同時に、この物語には、その博士たちとはきわめて対照的な姿で、もう一群の人々が描かれている。エルサレムの人々、わけても、ヘロデ王、祭司長たち、律法学者たちである。彼らはこの出来事について、そのあやしげな占星術の博士たちよりも、はるかに詳細かつ正しい知識をもっており、それを彼らに教えてやりさえもしたと語られる。にもかかわらず、彼らのうち誰一人として、その星を求めて、ベツレヘムまでのわずか八キロの道を、自ら辿ろうとする者はいない。彼らは自分の町にとどまったままで、博士たちのもたらす報告を待つ。そのようにして結局彼らは、その出来事に出会いそこねる。彼らの大きな権力も、正統的で間違いのない信仰も、詳しく正確な知識も、彼らをクリスマスの出来事の目撃者にすることはできなかった。ただ、みずから、住みなれた自分の土地を後にし、星を求めて遥かに旅した者だけが、その旅の果てで、その出来事に行き逢えるのだ、と聖書は告げる。「自分のところにいたら何に出会うこともできないから、旅に出る……なにかいいものがあったら、必ずこっちから捜しにいかなくてはいけない。待っていたら何もこない」（森　有正『生きることと考えること』）。

しかし星を求める博士たちの遙かな旅は、平坦にスムーズにベツレヘムの家畜小屋へと通じていたわけではない。彼らもまた、自らが目的地だと思い描いていたエルサレムの街で、その星を完全に見失う。星は彼らを離れ去り、彼らは途方に暮れる。やっとの思いで辿りついたエルサレムの雑踏のなかを捜し歩いて、ついに見出すことができず、失意と落胆のうちに、彼らは自分たちの旅が徒労に終わったのではないかを疑う。そのときはじめて、彼らは神のことばを聴く、それはこの都ではなく、名もない小村の片隅で起こるのだと。最も有望だと彼らには思えたこの都に見出し得なかったことを、無名の小さな村に求めて何になるか。彼らの常識は、彼らにそのまま故郷に引き返せと命じる。しかし彼らはふたたび旅立って行く。そのとき星はふたたびその姿を現わし、以前にも増す輝きで光りはじめる。

私たちもまた、自らの星に出会うためには、遥かに旅しなければならぬ。クリスマスの博士たちの物語は、その私たち自身の人生の遙かな旅を、生き生きと伝えてくれる。

51　クリスマスの夜

マタイ福音書のクリスマス物語では（マタイ第一〜二章）、クリスマスの夜のキリストの誕生は、「インマヌエル」、つまり「神われらと共にいます」ということの実現であるとされている（一・二三）。つまりそのイエス・キリストにおいて、神がわれわれとともにおられるということが実現したのである、というのである。

それに続く第二章には、まず、その夜に生まれた幼な子に出会おうと、遥かに東方から旅してきた博士たちの来訪が物語られる。そして彼らが幼な子イエスを捜しあて、「非常な喜びにあふれた」（二・一〇）さまが語られる。

しかしそこで福音書の叙述の舞台は暗転する。その喜びにあふれる情景から、一転して、わが子を理不尽に虐殺されて叫び泣く母たち、人の悲しみのきわみである「わが子の無惨な死」に直面させられて、もはや慰められることさえ願わない母たちの、「叫び泣く大いなる悲しみの声」（二・一八）が響きわたる暗夜へと暗転する。

著者マタイの眼は、幼な子イエスの誕生したクリスマスの夜には、一方に博士たちの「喜びにあふれる世界」があるとともに、同時にその同じ夜に、他方には幼児を虐殺されて号泣する母たちの「悲しみの果ての世界」があることを見すえている。彼にとって、クリスマスとはこういう夜であった。

では私たちのクリスマスはどうであろうか。それは生活にゆとりがあり、心の通いあう家族や友人や恋人に囲まれ、喜びと暖かさに包まれている人たちのところにだけやってくる喜びではないだろうか。しかしそのように〈もてる者〉が喜びにあふれればあふれるほど、〈もたざる者〉や、この母たちのように愛する者を失い、悲しみに立ち尽くす者たちは、いよいよその喜びの外に締め出されて行かざるをえない。

だがマタイにとっては、クリスマスの喜びは、〈もたざる者〉を外に締め出す〈もてる者〉だけの喜びではなかった。イエスにおいて実現した「神われらと共にいます」（一・二三）は、「喜びにあふれる」世界だけではなくて、このように「大いなる悲しみの声が響きわたる」世界のもとへも、もたらされたのだ。イエスが十字架の死の苦しみと悲しみを最後の一滴まで味わい尽くされたのは、それによってわれわれが、いかなる悲しみの果てにあっても、なお「神われらと共にいます」ということを確信するためであったのだ、と言わんとしているのであろう。

ひるがえって、私たちがもつ「喜び」は、〈もたざる者〉を締め出す〈もてる者〉の喜びにとどまってはいないか。しかし〈もてる者〉にしか届かないような喜びは、所詮、われわれの〈もちもの〉にまでは届き得ても、われわれの〈いのち〉そのものにふれ、そこにまで届くような喜びとなることはできないであろう。

52　一年の軌跡

『ちくま文庫』に、高史明《コ・サミョン》氏の『生きることの意味』という書物が収められている。この、かつて『ちくま少年図書館』シリーズのために書き下ろされた本で高氏は、一人の在日朝鮮人の子として、戦前の厳しい差別のなかで、生きにくい生を、傷だらけになりながら生きてきた自分の歩みを真正面に引きすえながら、そこで「生きることの意味」を少年たちに訴えようとしている。

高氏がこの書物の執筆を依頼されてから着手するまでには、三年にわたる躊躇逡巡の時があったと言われる。彼はのちにこう述べている（『一粒の涙を抱きて』）、自分の息子をふくめた少年の読者たちに対し、自分は偽りの自伝を書くことはできない。しかし自分が生きてきた軌跡を真実に書こうとすれば、その過去は、思い出すことにもためらわれるほどに、生きることに敗れ、そこでのたうちまわってきた「暗い思いの積み重なり」でしかない。それを少年たちにさらけ出して、いったい何の意味があるのか。このような反問をくり返しつつ、過去の「自分の暗い姿にぴったりと張りついたまま」、何一つ書けずに三年を経過する。

しかしやがて彼は、自らの過去の軌跡を問いつめ、問い直すこの歳月のなかで、一つのことに気づかされてゆく。つまり、その自分の過去の回顧のなかには、「自分が生きてきたあとの軌跡があるとしても、生かされてきた軌跡が全くといっていいほどなかったのである。」しかしながら「生きるとは果たしてそのようなものであろうか。生きるとは、同時に生かされるということではないだろうか……人が生きるということがそのようなことだとするなら、生かされているということに気づかないまま、自分の暗い軌跡を見つめつづけていたということは、わたしの傲慢でしかなかった。」このようにして彼は、生きにくい条件のなかを、傷だらけになりながらも、なんとか「生きてきた自分の軌跡」のなかに、同時にその「自分が生かされてきた軌跡」を辿ることになる。そのときに、「わたしの生を、その底でささえている深く広い力もいっそうはっきりとしてきた。」そこではじめて彼は、少年たちに対して、自分の暗い過去をごまかしなしに語りながら、しかし同時に、「生きることの意味」を語りうると思った、と述べている。

この一年、私たちはそれぞれに自らの軌跡を描いてきた。その自らの歩み、その成功と失敗、喜びと悲しみの軌跡をごまかしなしに問いただすことが大切であるとともに、しかし同時に、その私たちが生きてきた成功と失敗、喜びと悲しみの軌跡を通して、その自分が生かされてきた軌跡もまた、問われるべきなのではなかろうか。

53　アブラハムの旅

『創世記』一二・一によれば、アブラハムは齢七十五歳になって、突然、神から「あなたは国を出て、親族に別れ、父の家を離れ、私が示す地に行きなさい」という召しを受け、それにしたがって、親しい人たちと別れ、住みなれた地をあとに出立する。「神が示される地」は、人間であるアブラハムにとっては、どこまでも「未知の知られざる地」でしかなかった。「信仰によって、アブラハムは、受け継ぐべき地に出て行けとの召しをこうむった時、それに従い、行く先を知らないで出て行った。」（ヘブル一一・八）住みなれた父祖伝来の故郷、しかもそこは当時のメソポタミア文明圏の一角、文明が花咲き、人間にとって最も住みやすいように耕し直された、当時の人間にとって最も安全確実な世界、そこをあとにして彼は、知られざる未知の世界へと、行き先も知らずに旅立って行った。そのときアブラハムは七十五歳。七十五年の生涯をかけて築き上げ、出来上がったもの、それを彼は惜しげもなく後に残して、遥かに旅立つ。その凄まじいまでの冒険的な生き方、聖書はそこにアブラハムの〈信仰〉の姿を見ている。

「おとなというのは、出来上がったものの使い方をよく知っている」（森有正）人間のことである。「すでに出来上がってそこにあるもの」をどう使うかをよく知っており、それに通じ、秀でているのが「おとな」である。しかしアブラハムは、「出来上がっている世界」「すでにしっかりと踏み固められた道」をも、必要とあれば後にする。七十五年の自らの生涯すら、ためらいもなく、後にする。そこにアブラハムの烈々たる〈若さ〉がある。二十歳そこらで、もう出来上がったものの使い方だけに秀でた「おとな」と化した若者などには、とうてい及びもつかない、七十五歳の老人の、激しい〈若さ〉がここには脈うっている。

そういう彼の生き方は、何によって可能となったのか。それは、彼がつねに、「出来上がったもの」に縛られない眼をもっていたからである。「見えるもの」の奥に「見えないもの」を見抜く眼、その彼の〈信仰〉の眼こそ、そういう生き方を彼に促したものであった。経済史家大塚久雄は、こういう眼のことを、「砕けたる魂、砕けたる心」と呼び、「さしあたって自分でも絶対に正しいと思われるばあいでも、自分の立場を相対化し、より高く、より正しい立場の存在の可能性を認めうるような謙虚な心。謙虚であるとともに、まだ見ぬ真理の存在を信頼しうるような心」（『生活の貧しさと心の貧しさ』）と述べて、その必要を説いている。私たちが年を重ね、経験を加え、知識を増すにつれ、ますます大切になってくるのは、そういう「砕けたる魂、砕けたる心」、そしてそこから生まれる、烈々たる〈若さ〉なのではなかろうか。

54　自分を超えたものへ

礒山雅氏の近著『J・S・バッハ』は、氏の前著『バッハ＝魂のエヴァンゲリスト』で示されたバッハ像を、わかりやすくコンパクトに展開したもので、音楽に通じない人間にも、人間バッハの姿をありありと描き出してくれる。

その一節で氏は、「バッハの人間理解に深さが感じられるのは、彼が人間の概念を、いつも人間を超えたものとの関係においてとらえているからではないであろうか」と述べている。氏によれば、「バッハの描くすべての人間、すべての感情が、人間を超えたものへの方位のもとに位置づけられている」、「要するにバッハは、音楽を、人間同士が同一平面で行うコミュニケーションとは考えていなかったのだ……バッハの音楽においては神が究極の聴き手であり、バッハの職人としての良心は、神に向けられていた……神が究極の聴き手だということになれば、音楽は人間の耳を超えることができる」と言われる。しかし大切なことは、そのように「人間を超えたものへ」向かうことが、バッハにおいては、決して人間を忘れたり、人間を見失うことではなかったということである。「バッハはこれによって、人間を軽視したのではなく、おそらく人間の完成を志した。人間を超えたものとの関係においてしか人間は完成しえないことを、バッハは知っていたにちがいない」と言われる。

音楽もふくめて、人間の仕事というものを、私たちは、自分の眼、あるいはせいぜい仲間の眼、世間の眼ぐらいからしか捉えようとはしない。そしてそうするのが人間らしいのだと考えている。だから人間の仕事を「人間を超えたもの」との関係で捉えるなどというと、おかしく聞こえる。しかし、ほんとうに「人間らしい」といえる仕事は何かを考えて行くと、いつのまにか、人間という地平にはおさまり切らないところが出てくる。名人といわれる人の〈しごと〉を見れば、どこかに人間を超えたものとの関係を想わせるものがある。それは名人だけのことではない。森有正は「仕事というものはいったい誰のためにするのだろう？………仕事は心をもって愛し尊敬する人に見せ、よろこんでもらうためだ………しかし仕事の対象になるこの存在………それでこの人の仕事の質が決定してくるのだ」と語り、「僕たちを超えるものが、僕たちを通して表われる」、そこに「僕たちのやっていることのはかなさと深い意味」があると言う（『バビロンの流れのほとりにて』）。私たちが、自分自身のなかに自分を超えるものをもたないとき、私たちのやることも、また私たち自身も、人間としての奥行を失う。

断章Ⅱ

（一九九四）

55　みずみずしさ

吉原幸子の詩の一節に、こうある。

誰でも　いちど　小さいのだった
わたしも　いちど　小さいのだった
電車の窓から　きょろきょろ見たのだ
けしきは　新しかったのだ　いちど

〔「喪失ではなく」『幼年連禱』〕

幼い者にとって、すべては新しく、驚きに満ち、まばゆさにあふれている。しかし、幼い者自身には、自らが生きているその世界の、まばゆさも、またその大切さも、わかりはしない。

子供であるのは　ぜいたくな　哀しさなのに
そのなかにゐて　知らなかった

しかし大人になって、すべてが、馴れ親しんだものとなり、色あせてくすみ、驚きも輝きも失われてしまった世界にとり巻かれるようになるとき、私たちは、失われた驚きやまばゆさの大切さに、ほんとうに行きあたる。

大きくなって

小さかったことのいみを知ったとき
わたしは〝えうねん〟を
ふたたび　もった
こんどこそ　ほんたうに
はじめて　もった
このようにして、
いちどのかなしさを
いま　こんなに　だいじにおもふとき
わたしは〝えうねん〟を　はじめて生きる

そしてこの詩は、こう結ばれる。

もういちど　電車の窓わくにしがみついて
青いけしきのみづみづしさに　胸いっぱいになって
わたしは　ほんたうの
少しかなしい　子供になれた——

どれだけの〈みずみずしさ〉をもって、ものに触れ、ものを感じ、ものを考えることができるか、その〈みずみずしさ〉に、大人の生命がかかっている。

56　〈ことわざ〉のわな

〈ことわざ〉は、長い年月にわたる淘汰の過程を経て、こんにちにまで伝承されてきたものとして、先人の経験や知恵の集約でもあり、それだけに、古い時代の差別感情をそのままに残すなど、決して問題がないわけではないが、しかし無数の先人たちの、無数の経験をもとに成立した人生の知恵であるがゆえに、現代の私たちの経験にも深くふれあうことがある。〈ことわざ〉が尊重されるゆえんである。私たちの社会でも、いたるところで〈ことわざ〉が用いられる。しかし、そうした古い考え方の残滓という問題以上に、そこにはもっと根本的な問題性があるのではなかろうか。

「果報は寝て待て」と教えられて安心していると、後になって、別のことわざが「蒔かぬ種は生えぬ」と言う。「正直は最善の策」だと、正直に生きていると、「正直者は馬鹿を見る」と嘲笑われる。「急いては事をし損じる」というから、慎重に事を運んでいると先を越されて、「先んずれば人を制す」だと笑われる。「二度あることは三度ある」のかと思えば、「柳の下に泥鰌はいない」とくる。「嘘つきは泥棒の始まり」と教えられ、嘘をつかないように努力していると、「嘘も方便」だとのたまう。「好きこそものの上手なれ」で、下手な私でも好きなのだからいつか上達できると淡い期待をいだいたあげくに、「下手の横好き」と一刀のもとに片づけられる。「鶏口となるも牛後となる勿れ」が人生の知恵だと信じていると、「寄らば大樹の陰」だったりする。「虎穴に入らずんば虎子を得ず」というから、勇猛果敢に飛び込んで、それで失敗すると、「君子危うきに近寄らず」が待ち受ける。「鳶が鷹を生む」というから、俺にも可能性があるかもしれぬと思っていると、「蛙の子は蛙」「瓜の蔓に茄子はならぬ」ということわざが、その期待を打ち砕いてくれる。

このように〈ことわざ〉は、人生の真実のある一断面を描いて見せるにすぎず、だからこそ、ほとんどのことわざに、それと正反対の人生の真実を表わすことわざが対応する。ところが、人がある経験をし、そしてその一面を端的に言い当てている〈ことわざ〉に出会うと、まるで鬼の首でも取ったかのように飛びついて、それですべての真実が言い表わせたかのように錯覚する。しかしそのときそのことわざは、私のきわめて一面的な経験を言い換えただけのレトリックにすぎないのだ。〈経験〉を〈ことわざ〉で言い換えることで、何か真実が論証されたわけでは決してないのである。

とすれば、自分の経験を言い換えるだけのレトリックでしかない〈ことわざ〉によりかかり、その〈ことわざ〉でまるで自分の〈経験〉や〈見解〉の正当性が論証されたかのような錯覚に陥るよりも、むしろ自分の〈経験〉とは正反対を語る〈ことわざ〉によって、自分の経験を問い直し、自分には見抜けていない、現実の別の一面を知ることの方が、もっと大切なのではないか。

57　他人との比較

イエスの有名な「葡萄園の労働者のたとえ」（マタイ二〇・一―一五）には、自分がやった十二時間の労苦と、他人の涼しい夕方の一時間の労働とに対し、同じ一デナリが支払われたことに、激しく抗議する労働者が出てくる。彼は契約の不履行に対して怒っているのでもないし、一デナリという労賃が安すぎると不満をもらしているのでもない。彼らが怒るのはただ、十二時間働いた自分たちと、一時間しか働かなかった奴らとが、「同じ扱い」を受けるということ、そのことである。

その相手とて、破格の報酬を得たわけではない。次の日を辛うじて食いつなぐに足るだけのものを得たにすぎない。けれども、それがいかにささやかであろうとも許せない。この怒りは不当だろうか。そんなことはない。十二時間の労働と一時間の労働とが同じ扱いをされて、ふつうでいられる人はいないだろう。

しかしながら、そのきわめて正当な怒りには、またどこかに、ある「おかしさ」「醜さ」「歪み」がつきまとっていることも、否みがたいのではなかろうか。激しくなじる彼ら自身も、同じ日雇い労働者として、仕事に一日あぶれることがどういうことか、そのつらさは痛切に知り抜いていたはずである。とすれば、彼らだって、あぶれた労働者たちに同情を寄せ、場合によったら、彼らが丸一日分の報酬を得られたことを喜んでいたかも知れないのだ。それにもかかわらず、眼の前で、その人と自分とが「同じ扱い」を受けるとなると、途端にとても許せないような怒りがこみ上げてくるのである。〈一人きり〉になって主人と向かい合っているときには、自分の得た報酬に何の不平も不満もない。〈一人きり〉になって、あぶれた隣りの人の困窮の現実に眼を注いでいるときには、その人が一日分の糊口の資を得ることを喜ぶことさえできる。しかし、ひとたびそこに「自分と他人とを比較する」ということが入ってくると、途端にそれが許せないことに変じる。そこにある種の「醜さ」「歪み」が現われてくる。

私たちの「醜さ」「歪み」の多くは、〈他人との比較〉から生じてくる。〈一人きり〉になってもものが見えているときには、もっと「ありのままに」「素直に」「正しく」見えているものが、〈他人との比較〉が入り込んでくると、途端に濁りはじめる。「あいつに比べれば……」と、必要以上に傲慢不遜になったり、また逆に必要以上に卑屈になったりして、もののありのままの姿も、自分自身のありのままの姿すらも、見えなくなる。そうして私たちの存在は、〈歪み〉、〈醜く〉なりはじめる。

〈他人との比較〉はしばしば人を狂わせ、ひずませ、その人のいのちを濁らせる。〈他人との比較〉をやめて、〈わが身一つ〉になりきって、そこを〈生き切る〉ことこそが、大切なのではなかろうか。

58　いきは　じぶんで

「ぞうさん／ぞうさん／おはなが　ながいのね／そうよ／かあさんも　ながいのよ」（「ぞうさん」）など、幼いころに誰もがそのうたの一つや二つ歌ったことがある、まど・みちお氏の詩を全部集めた『まど・みちお　全詩集』が昨年刊行されている。そのなかの一つに、こういううたが載っている。

いきを　とめたら
だれだって　しぬ
でも　わすれていても
いきは　じぶんで
いきを　している
………　（「いき」）

「いきをとめたら」、誰だって生きてはいられない。さあ大変だ。一瞬の油断もなく、息をし続けなければならぬ。——だけど、だけど、「わすれていても／いきは　じぶんで／いきを　している」。私たちが、自分で自分を守ろうとするよりも前に、「いきは　じぶんで／いきを　している」。

「ああ　なんでだろう／かみさまが／いきに　そう　させて／みんなを　いかして／くださってるん

だなあ／………／みんなを　ほんとに／だいすきなので………」とこの詩は結ばれる。

まど・みちおの詩はすべて、こういうやさしさにあふれている。だがそれはただのやさしさではない。自分自らが、やさしさに包まれて生きている人の、やさしさである。

そしてそのやさしさが生半可なものでないことは、この『全詩集』の「あとがきにかえて」に明らかである。この詩集には、新発見の彼自身の二編の戦争協力詩が収められているが、「あとがき」の全文は、最近著者が知るに至った、その戦争協力詩を書いた自分自身の厳然たる過去の傷にさかれ、その自分が問いつめられている。「動顛した頭でどうすべきかを考えましたが、昔のあのころの読者であった子供たちにお詫びを言おうにも、もう五十年も経っています。懺悔も謝罪も何もかも、あまりに手遅れです。慚愧にたえません、言葉もありません、と私は私の中のはるかなところから、母のように私に注がれている視線に掌を合わせて、心を落ちつけました。そして………公表して、私のインチキぶりを世にさらすことで、私を恕して頂こうと考えました。」こういった、自分自身に対する厳しさと、それにもかかわらず、その自分が包まれているやさしさへの眼、そこから、まど・みちおのやさしさは生まれてくる。

「ああ　こんな私も私っとしていることで／だれかを喜ばせているのかもしれない／私がまるで気づかないでいるとき／いっそう　しみじみと／………／そう思うこともできるんかなあ／と私は私を胸あつくさせた」（「カニ」）

59　足を洗う

ヨハネ一三・一―一五には、イエスが自分の弟子たちの足を洗う場面がある。ダ・ヴィンチの有名な絵で知られる「最後の晩餐」の場である。十字架の死を目前にし、それを覚悟したイエスは、この夜、彼の弟子たちと最後の食事をともにする。その食卓の席でイエスは、突然立ち上がり、上着を脱ぎ、手ぬぐいを取って腰に巻き、当時の「僕」の格好になって、水を盥に入れ、弟子たちの足を洗い、手ぬぐいで拭いはじめる。弟子たちは、師の突然のそうした行為に当惑し、それを謝絶し、「わたしの足を決して洗わないで下さい」と言って、それを拒もうとする。

イエスはなぜ、こんなことをしたのか。これによって、弟子たちが、お互いに他に対して偉ぶることを戒め、イエスの模範にならって、互いに他人の足を洗い合うこと、いってみれば、奉仕の精神を教えようとしたのだ、と言われるのがふつうである。

しかしながら、イエスのこの行為は、たんに奉仕の精神を教えたのかどうか。「わたしの足（など）洗わないで下さい」と拒もうとした弟子ペテロに向かって、イエスはこう語る、「もしわたしがあなたの足を洗わないなら、あなたはわたしとなんの係わりもなくなる。」ここでイエスは、「もしあなたが、わたしにならって他人の足を洗わないなら、あなたはわたしとなんの係わりもなくなる」、お前が奉仕の精神で他人の足を洗わないなら、お前はもはや私の弟子ではない、などと言っているのでは決してない。ここで問題になっているのは、ペテロが他人の足を洗うかどうか、ではなくて、まずはイエスがペテロの足を洗うかどうか、ペテロからいえば、イエスに自分の足を洗ってもらうかどうか、である。そのあとではじめてイエスは、「わたしが、あなたがたの足を洗ったからには、あなたがたもまた、互いに足を洗い合うべきである」と語るのである。

私たちは何かといえばすぐに、他人に仕えるべきである、などと言う。しかし、私たち自身がすでに「自分の足を洗ってもらっている」からこそ、「他人の足を洗う」こともできるのではないのか。自分自身がすでに他によって足を洗われ、すでに他人のやさしさのなかに包まれているということ、その発見、その自覚こそが、私のやさしさへの出発点ではないのか。

「なんだか　足が軽いと思ったら／さっき電車の中で／知らないよその赤ちゃんが／笑いかけたのだった／わたしを見て／嬉しくてたまらないように／………／その笑い顔を／いつのまにか　胸にかかえていて／それで　夜道の足もとを／てらすようにしながら／わたしは急いでいるのだった／………／父がいなくなった家で／ひっそり　待っている母に／そのおみやげを／はやく見せてあげたくて」（「おみやげ」『まど・みちお　全詩集』）

60　いのちの優しさ

かつて高史明は『生きることの意味――ある少年のおいたち』（ちくま文庫）を書いて、生きることに破れ、のたうちまわってきた自分の過去の暗さ、捻れ、歪みをさらけ出しながら、そのように自分自身が「生きてきた」軌跡をありのままに辿ると同時に、しかしそのときがまた、彼が人の優しさに出会い、それに支えられて、「生かされてきた」ときでもあったことを明らかにし、それを通じて、少年たちに「生きることの意味」を語ろうとした。「人のやさしさこそは、人間を生かしていく本当の力になるもの……私の生きることの意味の探求は、人のやさしさを探求していく歩みでもあった。」それを訴えるのが、その書物の主題であった。

しかしその半年後、彼は大きな衝撃を受けることになる。彼がそのように自らをさらけ出してまでも、生きることの意味を訴えようとした少年たち、わけても彼の最愛のわが子が十二歳で自死するという出来事が彼を襲ったのである（岡真史遺稿『ぼくは十二才』）。その深い痛手を負うて彼は、あらためて自らの問い直しを迫られ、自分自身を厳しく問いつめる。そこで〈優しさ〉が生きる意味だと書いたのは、間違いであったのか。〈優しさ〉こそが生の土台であると言いながら、実は、最愛の子のいのちすら、ほんとうに見えていなかったのではないか。このようにして彼は、自分自身の言う〈優しさ〉なるものを、さらに根本から考え直さざるをえなくなる。

やがて彼は、先の自伝的作品においては、〈優しさ〉がまだ「人間対人間の関係に限られていた」ということ、そしてその優しさということを、「人間のなかだけの問題として見たところに、考えの非常な浅さがあった」のだということに気づかされてゆく（『いのちの優しさ』ちくま文庫）。人をほんとうに支えうるのは、たんなる「人の優しさ」なのではなくて、それをもつつむ「いのちの優しさ」であったということを、深い悲しみとともに会得することになる。

　われわれのあいだでも、「人の優しさ」の大切さはしばしば語られる。しかし、「人の優しさ」などが、ほんとうに一人の人を支え切れるのか。むしろそれを通して、たんにそれにとどまらず、それをもつつむ「いのちそのものの優しさ」が見えてきてはじめて、人はほんとうの支えを見出すのではないのか。悲しみのどん底にある人が、無心に遊ぶ赤ちゃんの笑顔や、無心に生きている鳥や花に、かえって、「人の優しさ」をも越えるなぐさめを感じとるのは、そういうことではないのか。

　「空の鳥」「野の花」を指し示すイエスの言葉（マタイ六・二六―三〇）が教えるところも、実は、そのように、たんなる「人の優しさ」を越え、それをもつつむ「いのちの優しさ」としての、「天の父のはたらき」への注視なのではなかろうか。

61　含羞なき正義

ずっと以前に書かれたものであるが、現代という時代を誠実に生きようとした、今は亡き哲学者、飯島宗享氏の短文を集めた『逆説』の一節に、こういうことばがある。「人間的な正義も一抹の不安、ためらいがあってこそ人間的である。含羞なき正義を私は嫌悪する。」

武田泰淳の『ひかりごけ』では、厳冬の北の海で乗組員とともに遭難し、一切の食料を断たれながらも洞窟で生き永らえ、長い冬の終わりにただ一人生還した船長が、人肉嗜食の罪に問われる。法廷に引きずり出された彼は、検事の厳しい罪状暴露と告発にさらされながらも、「私は我慢しています」「私はあの時も我慢しなくちゃならないと思って、我慢しました。今でもやはり、あの時と同じ気持で我慢しているだけです」と答える。彼はその裁判に不服を唱えているのではない。自分が極刑に値することを自ら認めてもいる。しかしそれでいて彼は、彼を裁きうる者、それは「他人の肉を食べた者か、他人に食べられてしまった者」だけであると言う。そう言うことによって彼は、自分の行なった行為を、「不可抗力」だったとか「やむをえなかった」とかと、言い抜けようとしているのではない。自分の弁護士に対してさえ彼は言う、あなたが私にしてくれることなど何もない、「誰だって、私には何もしてくれることはできませんよ。あの洞窟の中でもそうだったし、裁判所の中だってそうですよ。」つまり彼は、人間の裁きなどが届かないようなところまで、人間の真相を問われ、そこから裁かれ、それにじっと堪えている。その彼をほんとうに裁きうる者、それはこの船長がさらされている重い問いに自らもさらされ、同じ深さにまで自分自身の真相を問われる者だけである。

その人の問題性を真に問うことができるのは、その問題がもつ重さの外に立ちながら、正義の味方よろしく〈含羞なき正義〉を振りかざし、その罪をあばきたてる者ではない。〈ためらい〉のない〈正義〉は強力である。しかしその人と同じ重さを背負い、その人と同じ深みから問われるときに、私たちは自分自身のなかにも、その裁きに堪ええない自分を発見せざるをえない。〈正義〉は〈はにかみ〉や〈ためらい〉を伴なってこそ、真に〈人間らしい正義〉となる。

しかしまたそれは、自分のなかにも同じ無力や弱さを認めるから、そのゆえにその問題を「やむなし」の一言で流してしまうことであってはならぬ。その人とともに問いを背負い、同じ問いに、ともに厳しく、また深く問われ続けることでなければならぬ。〈正義なき含羞〉だけになって、問いの厳しさを隠蔽し、流してしまうのでは、その人の問題の重さを、ほんとうにともに担うことはできないであろう。

62　人間らしく生きる

戦後日本文学を代表する一人で、『深夜の酒宴』『重き流れの中に』などの作品で知られる椎名麟三が、あるところでこう言っている、「たしかに、人間が死ぬということは真実である。しかしその真実を唯一の真理に高めるとき、その人は人間から墜落する」（『信仰というもの』）。ある男が、ほかのあらゆることは疑わしさをふくみ、嘘であるかもしれないが、人間が死ぬという、このことだけは疑いないことであると信じた。そこで彼は、これが人間にとって唯一の真実であるとすれば、この唯一の真実を身に引き受けることこそ、人間としてごまかしなしに生きる道だと考え、自分から海に入って、この世から姿を消した。こういう男を取り上げて椎名は、この男はたしかに、自分をごまかすことなしに、自分の思想に忠実に生きようとし、その思想に殉じさえした崇高な人間であったと言えるかもしれないが、しかしこの男には、どこか人間であることを見失ったある種のおかしさがあると述べている。そこを椎名は「人間からの墜落」と言うのである。

古来、「メメント・モリ memento mori」（死を憶えよ）と言われ、死を憶えることこそ、人間が真に人間らしく生きる道だと教えられてきた。私たちが、自ら死ぬものであることを忘れたとき、どこかに、人間としてはとてもおかしな様相が現われる。しかしながら、死がいかに人間の真実であろうとも、こんどは逆に、それが唯一の真実となって、それ以外の一切は仮のものにすぎないとなると途端にまたそこに、先の男のようなおかしさが現われる。

しかしこのことは、何も〈死〉にかぎったことではない。それと反対の〈生〉についても同じである。たしかに「命あっての物種」であって、何をもっていようと、命がなくなれば何の意味もない。だから、何はさておき、まずは生命の維持である、〈こころ〉や何やらは次の話だ。こう言うのは当然で、正当でもある。しかしだからといって、その〈生〉というものに唯一絶対性を与えてしまい、何が何でも生きることだ、どんなことをしてでも生きるのが正しいのだ、となってしまうと、そこにはまたどこかに、生に執着し、生に繋縛された人間のおかしさが現われる。現在のわれわれの国では、〈死〉に繋縛された人間のおかしさは見えやすいが、逆に〈生〉に繋縛されている人間のおかしさは、見えにくいものになっているのではないか。同じおかしさは〈パン〉についても現われる。人間はパンなしには決して生きられないのは真実だが、だからといって、「人はパンだけで生きている」わけではない。

「人間らしく生きる」とは、この微妙な均衡の上に成り立つ。この均衡をわれわれが見失うとき、あらゆるところで「人間からの墜落」が始まる。

63　保留の感覚

ある人がこういうことを言っている。「保留ということは、単に一切をあいまいにしておくということなのではない。保留の感覚、また断定保留のこころとは、有限な人間のその限界を鋭敏に感覚し、その限界のままに止って生きようとするこころなのであり、自分自身をも含めて、なにびとをも、またなにごとをも、決して絶対視しない、ということなのである。」（谷口隆之助『聖書の人生論――いのちの存在感覚』）

どんなことであろうと、人生のなかでわれわれが体験することは、私たちが歩みを重ねて行くうちに、おのずからその様相と意義を変じて行かずにはいない。その当時には他人も羨むばかりの成功も、十年経った眼で見なおせば、それほど大したことではなかったり、十年前には絶望的な失敗に見えたものが、今から思い返せば、自分にとってかけがえのない意味をもった大切な経験であったりすることは、それほどまれなことではない。まして長い人生の秤にかければ、私たちのその時々の判断や評価など、いったいどれほどのものだろうか。自分に対する自分自身の判断すらそうなのだから、ましてそれが「神の眼」といった、もっと大きな視点から見なおされれば、その判断はもっともっと異なってくるのではないか。そうだとすれば、その時々の自分に、また自分のなしたことに、あまりにも早く、やれ「成功」だとか「失敗」だ、はては「絶望」だなどと、レッテルを貼らないこと、あらゆるものに対して、最終的な断定を差し控える〈エポケー（判断停止）〉の態度こそ、人間にふさわしい態度というべきではなかろうか。

カトリックの思想家J・ピーパーは、ある書物のなかで、一方であまりにも早く「ことはすでに成就した」と先走りする〈思い上がり praesumptio〉をしりぞけるとともに、他方であまりにも早く「ことはすでに終わってしまった」と先走りする〈絶望 desperatio〉をしりぞけ、それらはいずれも、「今ある自分」に閉じこもって、本来的に人間的なものが凍りついてしまった人間の姿であるとし、それに対して、〈希望〉という「未来へと自らを開いて生きる姿勢」こそが、人間らしい姿勢だとする。

〈人間〉であることがもつ限界をしっかりと見すえた〈断定保留〉の生き方から、一方では、だから「わたしはあなたがたにさばかれたり、人間の裁判にかけられたりしても、なんら意に介しない」（Ｉコリント四・三）という不屈の姿勢が生まれてくるとともに、同時に「わたしは自ら省みて、なんらやましいことはないが、それで義とされているわけではない」（Ｉコリント四・四）というほんとうの謙遜も生まれる。〈他〉に対し、いなそれ以上に〈自ら〉に対し、こういう〈保留〉〈判断停止〉の姿勢をもち続けることこそ、人間らしくはないであろうか。

64　求められていること

『雷の落ちない村』という絵本がある。一九七五年、肺腫瘍により三十五歳で逝去した画家三橋節子の、詩情とユーモアにあふれる未完の遺作である。

この病のために、彼女はまず利き腕である右腕の切断の手術を余儀なくされて、いったんは画家としての道を断たれるが、その半年後には左手の画家として再起する。しかしそれもつかの間、病は再発し、再度の入院となる。こんどは肺への転移が明らかとなり、もはやなすべき手だても失われ、希望は完全に断たれる。その病床で彼女はこの絵本の構想に着手したといわれる。ふたたび一時退院はしたものの、ほどなく三度目の入院。その病床で、彼女は死の前日まで、これらの絵に手を加え続けたといわれる。この最後の病床にある彼女にとって、「私はこの生に、なお何を望み得るか」と問うて、希望と期待に値する生がいったいどれだけ残っていたろうか？　三度目の入院の病床で彼女は、もはや自分自身の、愛する子どもたちとの別れそのものを主題とした、最後の作品を描かねばならなかった。気のもちようなどで、どうなる事態ではなかった。そういう状況のただなかに立たされながら、しかし彼女は、この暖かさに満ちた絵本を描き遺したのである。

「先生、わたしたちは夜通し働きましたが何もとれませんでした。しかし、お言葉ですから、網をおろしてみましょう。」（ルカ五・五）これはのちにイエスの筆頭弟子となるシモン（ペテロ）が、はじめてイエスに出会ったときのことばである。自分が隅々まで知り尽くしたガリラヤの湖で、昨夜一晩、夜通し働いて、しかし雑魚一匹得られなかった漁師シモンに向かってイエスは、もう一度沖に漕ぎ出し、網を下ろせと命じる。シモンにとって、すでに陽も高くあがった今、もう一度沖に出て、いったい何の収穫を期待できたろうか？　にもかかわらず彼は、その自分がなお〈求められている〉者であることを見失わなかった。彼はイエスの求めに応じて舟を出す。それが彼のペテロとしての新しい出発点となった。

三橋節子もまた、求むべき希望も期待も奪われ尽くした病床で、しかしなおその自分が〈求められている〉者であることを見失いはしなかった。その求めに応えて彼女は、あとに遺す幼い愛児たちのために、最後の力をふりしぼる。

これらの人たちに、見込みに満ちた明日が、将来が残されていたわけではない。自分自身の眼から見れば、期待するに足るような明日があったわけではない。しかし彼らは、それでもなお、その自分を求めている「あなた」の存在を見失うことがなかった。「自己について絶望する……ことは、本質的に〈あなた〉について絶望することである」（G・マルセル『旅する人間』）。

65 〈求める〉ことと〈求められる〉こと

「求めよ、そうすれば、与えられるであろう。捜せ、そうすれば、見いだすであろう。門をたたけ、そうすれば、あけてもらえるであろう。」（マタイ七・七）イエスは、〈求める〉ことの大切さをよく知っていた人である。ルカ一一・五－一〇に出るイエスのたとえ（「助けを求める友人」のたとえ）も、なりふりかまわず〈求め続ける〉ことの大切さを語っている。

しかしながら、上を見ればきりがない、そんなにいつまでも求め続ける高望みはやめて、適当なところで手を打って、むしろ、今ある自分、自分の現状に自足することの方が謙虚で、人間として好ましくはないのか。たしかに、自分にできもしないことを、いつまでも高望みするのは滑稽である。しかしまた、「こんなところが自分だ」と早々と決め込んで、それ以上に求めることを放棄してしまうのも、いやらしくはないか。それは一見謙虚なしぐさに見えて、実は、自分で自分を繕い、そこに閉じこもり、それでよしとする傲慢ではないのか。〈自足〉といえば聞こえはいいが、実は今ある自分にあぐらをかいているだけのことではないのか。そうであれば、〈求め続ける〉人こそが真に自分自身について謙虚である、というべきではなかろうか。

〈求め続ける〉ことの大切さを知っていたイエスは、しかしまた、その自分が、そこで何かを〈求められている〉者でもあることも知っていた。自らの死を目前にしたゲッセマネの園でイエスは、自らの苦しみと死が過ぎ去ることを〈求め〉続けながらも、しかし同時に、その自分が、そこで何を〈求められている〉のかを探り続けた。避けがたい苦しみと死、〈求め〉ても何の見込みもない場に立たされながらも、なお彼は〈求め〉続けた。しかしそのことだけに眼を奪われて、そこでもその自分が何かを〈求められている〉者でもあることを、見失うということはなかった。

自分の願いが断たれ、望みは潰え、もはや自分には何一つ残されていないかに思われる状況にあっても、なおその自分は何ごとかを〈求められている〉。米プロバスケットボールＮＢＡロサンジェルス・レイカーズのスーパースター、Ｍ・ジョンソンは、ＨＩＶウイルス感染によって、突如、選手生命を奪われた。その発表会見の席上で、彼は「これからはエイズに苦しむ人々、とくに子どもたちのために生きたい」と語った。自らの存在証明ともいうべきバスケットボールを一瞬にして奪われた彼は、その「奪われた自分」「失ってしまった自分」が、しかしそのままで、なお〈求められている〉者であることを見失ってはいない。

〈求め〉続けつつ、しかし同時にその自分がつねに〈求められている〉者でもあることを見失わないところにこそ、ほんとうの生き方があるのではあるまいか。

66 人の〈しごと〉

漱石の小品『夢十夜』の第六話に、仁王像で知られる鎌倉時代の仏師運慶が仁王像を刻んでいるのを、明治時代の人間が夢に見る話がある。運慶が鑿《のみ》で横に彫り抜いた途端に、仁王の太い眉《まみえ》が、そしてその鑿を縦に返して、上から槌を打ち下ろし厚い木屑が飛んだかと思うと、仁王の怒り鼻が浮き彫りになる。思わず、「能くああ無造作に鑿を使って、思うような眉や鼻が出来るものだな」と感心していると、隣りで見ていた男が、「なに、あれは眉や鼻を鑿で作るんじゃない。あの通りの眉や鼻が木の中に埋まっているのを、鑿と槌の力で掘り出すまでだ。まるで土の中から石を掘り出すようなものだから、決して間違うはずはない」と言う。

真の芸術創造というものは、たんにその芸術家ののみや槌、頭や手が、「拵え上げたもの」ではなく、それを超えたところをもっている。運慶の手は、木に埋まって表現を待っている仁王に引きずられるように、のみや槌を動かし、それを掘り当て、掘り出してくる。自分を超えつゝ、自分をつき動かし、表現へと引きずり出すものに促されて、それを掘り当て、彫り出し、刻み出し、表現にもたらすところに真の芸術創造はある。

それでは、誰でもその埋まっている仁王を彫り出せるのかといえば、決してそんなことはない。運慶に感心した件の男は、家に帰り、のみと金槌をもち出して、庭にあった樫の木を次々と片っぱしから彫ってみたが、仁王は出てこなかった。「遂に明治の木には到底仁王は埋まっていないものだと悟った」ということばで話は終わる。

　埋もれた仁王を彫り出すには、運慶の天才と、長い修練を経た彼ののみと槌（技術）を必要とする。しかしだからといって、運慶ののみと槌がそれを拵え上げるというのではない。「ついに明治の木には、到底仁王は埋まっていないものだと悟った」ということばの裏面には、近代になって、彫刻がたんに彫刻家ののみと槌（技術）の拵え上げるもの、芸術作品がたんに芸術家の頭と手の作り出すものと化して、それを超える背景と奥行を失ってしまったことへの批判が匿されていると読むこともできよう。

　われわれの仕事が、ほんとうの仕事になるというときには、どこかにそういうことが求められるのではないか。その仕事をするのは、どこまでも、自分の手や足や頭である。そこには、自らの長い努力と修練とが不可欠である。しかし同時にそれが、たんに自分の手や足や頭の作り上げた「拵えごと」にとどまるかぎり、その仕事は奥行を欠いたものに終わるほかはない。自分自身ののみを通して、その自分を超えるいのちを掘り当て、掘り上げる。そこに、われわれのほんとうに奥行をもった仕事が、その姿を現わすのだというべきではなかろうか。

67　ブリューゲルの眼

ウィーンの美術史美術館は、建物も壮麗だが、その所蔵も、量の点ではルーヴルにはるかに及ばないにしても、歴史の重みを感じさせる。圧巻は何といっても、十六世紀ネーデルランドの画家P・ブリューゲルの作品の蒐集ではあるまいか。

その所蔵作品の一つに「子供の遊戯」がある。縦一一八センチ、横一六一センチの油彩である。市庁舎とおぼしき建物の前の広場を中心に、広い道路、あるいは町外れの小川まで、子供たちが画面いっぱいに遊んでいる。ある研究によると、総数で二四六人の子どもたちが、九一種類の遊びをしている。森洋子氏は、その遊び一つ一つを詳細に分析している（森洋子『ブリューゲルの「子供の遊戯」――遊びの図像学』）。

ここに描かれている遊びは実に多彩である。出来合いの玩具で遊んでいるのは、わずかに一人、あとは各自、手製とか、そこいらにあるものを何かに見立てて遊んでいる。お手玉をしている子、そのすぐそばでは何かの行列ごっこをやっている。輪回し、馬飛び、独楽回し、目隠し遊び、お人形遊び、帽子飛ばしに、めんこ風の遊び、大樽を倒してのシーソー遊び、高い竹馬に乗る男の子、二人で額を寄せ合って、お互いの掌のなかに隠したものの数の当てっこをするちびさんたち、仮面をつけておどかそうとしている子、水鉄砲でいたずらしている子、遠くには焚火遊びや、水浴びも見える。家の中の梁に懸けたブランコを勢いよくこぐ女の子、玄関先で、箒を指先に逆さに立てている子、牛の糞を棒でつっつく子、壁に向かっておしっこをしている子、二人で取っ組み合いをして、お母さんから水をぶっかけられている子、グループ遊びも多いが、そのかたわらには、ひとり黙々と、でんぐり返しをやるのも、逆立ちしているのもいる。ある子は樽の穴から中を一生懸命に覗き込んでいる。またある女の子はレンガを削って、香料屋さんごっこのひとり遊びをしている。やんちゃ坊主が三人柵に乗っかって騒いでいるそばでは、盛り土に手で穴を開けるのにひとり没頭している小さな女の子。建物の二階の窓から顔をわずかにのぞかせて、吹流しを風に流しているちびもいる。

各自は、実に多彩に、それぞれのやり方で遊んでいる。それでいて、全体は一つの世界をつくり、一つの世界につつまれている。こういう世界が、「子供の遊戯」にかぎらず、ブリューゲルの作品のすべてを通じて見られるように思われる。

現代は価値観の多様化した時代だと、誰もが自明のように語る。しかし現代の人間が、こんなに多彩な遊び方、生き方、見方、考え方をできるとでもいうのだろうか。パターン化した遊び方、生き方、見方、考え方が横行する現代の「多様化」とはいったい何なのか、もう少し考え直した方がよくはないか。

68 動詞と名詞

火曜日の《Musical Chapel》のためにつくられた、G・E・バスカム教授編集の英語歌集“Sing a New Song unto the Lord”のなかに、“Love is a Verb”という曲が収められている。曲は三番まであるが、それぞれの終わりにコーラスでくり返される言葉はこうである、

“Love isn't there, some possession to acquire, Love is no thing, nothing good to have around. Yet people, at times can be loving in their actions. Love is a verb not a noun.”

社会心理学者E・フロムは、『生きるということ』（原題“To Have or To Be?”）のなかで、西洋の言語において、過去二・三世紀のうちに、名詞の使用が多くなり、動詞の使用が少なくなったと述べている。分析医のところに来る患者が、最近は、「私は悩んでいる」と言わずに、「私は悩みをもっている」「私は問題をかかえている」と言うことが多い。そしてそれは社会全体に見られる傾向であるとされる。たとえば、「考える」の代わりに「考えをもっている」と言い、「欲する」の代わりに「欲望をもつ」、「目指している」の代わりに「意図をもっている」と言うといったたぐいである。この指摘には、有名な言語学者N・チョムスキーの教示によるところもあるとの由であるが、はたしてこういうことがほんとうに言えるのか、また日本語ではどうなのかなど、寡聞にして知らない。ただフロム

は、こうした言語慣用の変化の裏にある社会的心理的変化、つまり、もつこととあることとに対する重点の置き方に生じた変化を、問題にしようとしている。

「私は悩んでいる」と言わずに、「私は悩みをもっている」「私は問題をかかえている」と言い換えることで、自分自身の生きた経験は、私の所有する一つの問題へと変貌する。こういう自己の経験の客観化（さらには物象化）は、ときには有効な手段ではあるが、これがはびこって行くと、私たちはもはや、自分を「生きる」のではなく、自分自身をも自分の所有物であるかのように「もつ」ことになってしまう。

われわれの社会においては、「学ぶ」ことは、「知識」や「情報」をより多く獲得し、記憶保存し、時に応じてそれを消費することと化してしまい、学ぶことを通して、その人自身が揺すぶられ、変貌し、新しいあり方や生き方へと開かれて行くようなものではなくなった。「愛」もまた、先のことばで言えば“some possession to acquire”となって、動詞ではなく名詞で表現されるものに化した。しかし「愛」は、何よりも、人がそれを生き、それによって生きるものである。「隣人とは誰か」と問うた律法学者に、「誰が隣人になったか」（ルカ一〇・二九、三六）と問い返したイエスが想い起こされる。

69　死と医療の人類学

注目される人類学者、波平恵美子氏の著書『脳死・臓器移植・がん告知』には、「死と医療の人類学」という副題がついている。人類学者だから当然といえば当然だが、そこには考えるべきことがある。死だの医療だのといえば、すぐに〈医療技術〉の問題にされてしまう。そうにちがいはないのだが、しかし同時に、それらを人間存在全体の問題のなかに位置づけて捉える必要もある。〈医の倫理〉とは、本来はそういう認識に立つものである。この書物では、死や医療の問題が、人類学という立場で、広く人間の〈文化〉という視点から問い直されている。

たとえば今話題のガン告知にしても、よく見られるのは、「自分が当事者なら告知してもらいたい」、だから「告知する」のに賛成だといった粗雑きわまりない議論の横行である。「告知される」ことと「告知する」こととは決定的に別のことである。「告知される」場合は、それを〈自分〉がどう受けとめるかの問題だが、「告知する」とは、自分がとうてい代わりえない〈他者〉の問題に自分はどういう態度をとるかという問題である。「告知する」なら、告知したあとの、自分が責任を負い切れない他者のケアのむつかしさや重さを充分に知り抜いた上で、はたして自分はその任に耐えうるのか、という厳しい吟味を自らに課することなしにはありえないことであろう。

臓器移植をめぐっても、今医者をはじめわが国の議論を主導しているような、それを安直に人類愛やらヒューマニズムなどといったことばで情緒に訴えるよりも前に、もっとなすべきことがあるのではないか。その一つは、同じ〈臓器移植〉にかかわる当事者でも、それぞれの立場のちがい、つまり、ドナーか、ドナーの家族か、移植医か、レシピエントかによって、その理解には大きなくいちがいがあるだろうということである。たとえば、移植医にとっては、患者はどこまでも「臓器提供者」さらには「臓器」という〈もの〉であって、最大の関心は、もはや見込みのない患者の臓器を〈もの〉として、「生者」のためにいかに有効に活用するかにある。それは当然であろう。一方その臓器提供に同意する家族にとって、それは決して〈もの〉にはなりえない。むしろ多くの場合、愛する者の身体の一部でも、他人の身体のうちで生き続けることによって、〈もの〉と化するのをまぬかれるという願いから同意する。そこには安易に見逃されてはならないくいちがいがある。また患者と家族のあいだにもくいちがいはある。

こうしたことを蔽い隠し、情緒的に、十把ひとからげで議論をするところには大きな陥穽がある。これらのちがい、くいちがいをそれぞれはっきりと認識し、その上で、人間存在の問題として、それらをいかにつなげるのかを考えるのが大切なのではないか。

70　森の思想

その著『風土の日本』で、知日家A・ベルクは「日本のパラドクス」ということを述べている。「過去の歴史を通じて、そして今日なお人々が自然の美を謳い、風土のちょっとした変化にもきわめて敏感に反応してやまない国日本、その国が六十年代に地球上でもっとも汚染された国になってしまったとは、いったいどういうことなのだろうか。日本人は、自然に対する親密な愛情を誇りにし、西欧人がその点においては疎外の状況に陥っていることを常に嘲弄してきた。それなのになぜ、自然という祖先伝来の遺産をあれほどまでに損なってしまい、西欧から環境保護の技術はおろか、その理念まで輸入しなくてはならなくなってしまったのだろうか。」このパラドクスが問われている。

梅原猛氏は「森の思想」を説く。最近著の『〔森の思想〕が人類を救う――二十世紀における日本文明の役割』でも、日本文化の基層を形成しているのは森の文明ともいうべき縄文文化であると言い、日本の誇りとすべきは全国土の六七パーセントを占める森、しかもその五四パーセントを占める天然林の存在だと言う。そして「われわれは文明の原理を、人間の自然支配を善とする思想から、人間と自然との共存をはかる思想に転換しなければなりません」と語る。最近のわが国では、どこもかしこも自然との「共生」ばやりである。しかし、それらがみな、A・ベルクの指摘するような、われわれの国のもつパラドクスを充分に問題として受けとめているかどうかは疑わしい。梅原もシュヴァルツヴァルトの酸性雨は語るが、わが国の無惨なまでのゴルフ場開発等々には、口をつぐむ。

五四パーセントの天然林の存在というのも、日本の山々の安直な接近を許さぬ急峻さと、都市部からの遠隔と、それに伴なうコスト高が、辛うじて開発の手を阻んでいるのが真相ではないのか。試みに、もし日本がヨーロッパのような、なだらかな丘の連続する平坦な地形であればどうか。東京湾すら埋め立てようとする風土では、おそらく自然林の存在など風前の灯であろう。ヨーロッパ（とりわけドイツ）の都市は、そのすぐ近郊に多くの広大な森を有する。畑や宅地にするなら明日にも開発可能であり、コストも低廉であるような、そういう場所が広大な森として残っている。いな、〈残る〉というより〈護られている〉。森は〈残る〉ものではなくて〈護る〉ものだ。それは当然に自然林ではあり得ず、人工林である。

しかし、そのヨーロッパで生活した日本人の多くが、そこで生まれてはじめて自然のなかで、季節とともに〈生活する〉という経験をもつ。自然とともに生きているのは、いったいいずれであるかは決しがたい。いずれにしても、安易にアニミズム回帰や共生を語るだけでは、われわれの国のもつ問題は片づかないのではないか。

71　〈緊張〉と〈緩和〉

マタイ二五・一―一三のイエスの「十人のおとめ」のたとえは、ある結婚式でのこと、花嫁花婿を迎えるべく、ともし火を携えてその到来を待つおとめたちの話である。何かの事情で、花嫁花婿の到着が大幅に遅延し、みんな眠気を催して眠り込んでしまう。ところが真夜中になって突然に、花嫁花婿の到着が告げられ、人々はあわてて起き、所定の場所についた。おとめたちも自分のともし火を点検する。しかし大幅な遅延のために、灯りの火は消えそうになっていた。五人の賢いおとめたちは、万一に備えて予備の油を別に持っていたが、その用意のない愚かな五人のおとめたちはあわてて油を買いに走る。だが彼女たちが買いに行っているあいだに、花嫁花婿は到着し、婚宴は始まってしまい、扉はぴたりと閉じられて、そのおとめたちは、戸の外に締め出されることになったというのである。

このたとえは、人生のもつ無情さ、非情さを示している。愚かなおとめたちも、何も悪いことをしたわけではないし、彼女らもこの結婚式を心待ちにし、いろいろと準備もしてきたのである。時間通りにことが運んでいさえすれば、その婚宴にあずかることもできたのだ。そしてその遅延も、彼女たち自身の責任ではまったくないのだ。しかし彼女たちは無情にも扉の外に締め出される。私たちの人生には、いかに弁明し弁解し愚痴ろうとも、それではどうにもならない、その一瞬を逃したら、二度とやり直しがきかない非情無情な厳しさがある。そういうやり直しのきかない時を私たちは生きている。「今夜あなたのいのちはとり去られるであろう」（ルカ一二・二〇）ということばは、つねに私たちの足もとにある。

しかしでは人間は、あのウサギとカメの競争でのカメのように、一瞬の隙も見せずに、身構えて生きて行かなくてはならないのか？　それならば、人間は眠ることさえできなくなる。起きているときには、自分の頭を働かせ、自分の工夫で、自分を守ることもできるやも知れぬ。しかし眠るときには、私たちは、自分で自分を守ることはできない。自分の手で自分を守ることを放棄し、いわば自分を手放して、自分を支え守ってくれるものに自分自身を委ねるほかはない。ここの賢いおとめたちも、その一瞬のためにまんじりともせずに一晩中起きていたのではない。彼女たちは、疲れ切ったら、身を委ねて安らかに眠ることができる。しかしだからといって、人生が弁明や弁解や愚痴でどうにかなるほど甘くはないことをしっかりと自覚しているからこそ、彼女たちは別に予備の油を携えていたのである。

人間に大切なのは、一瞬の隙も見せずに生きることでもなく、またただ委ねて生きることでもなく、〈緊張〉と〈緩和〉とのバランスを生きることではないか。

72　マリアの讃歌

フィレンツェの、質素なサンマルコ修道院の二階の小部屋に通じる階段を上りつめた壁には、フラ＝アンジェリコのあのよく知られた「受胎告知」の絵が、それこそ無造作に、漆喰の壁面に描かれている。マリアが天使から受胎を告げられる場面が、天使の衣の、アンジェリコ独特の美しいヴァイオレットを主体にした色、そしてトスカナの山々を想わせるなだらかな曲線とともに、描かれている。

ルカ福音書のクリスマス物語では、この受胎告知の場面のあと、マリアは知人のエリザベツを訪問する。エリザベツの祝福を受けた彼女は、有名な〈マリアの讃歌〉を歌う（ルカ一・四六―五五）。讃美歌（一九五四年版）九五番にも歌われ、バッハなどの名曲でも知られる〈マグニフィカート Magnificat〉である。

〈マグニフィカート〉は、「わたしの魂は主をあがめ、わたしの霊は救主なる神をたたえます」ということばからはじまる。彼女は神について、神のあわれみについて、一般的に何かを語ろうとは決してしない。ひたすらに「わたし」の身に起こったことだけを見つめながら、どこまでも、自分自身の歌を、自分自身の讃歌を歌おうとする。

彼女はそこで、自らを「この卑しい女」と呼ぶ。にもかかわらず、彼女の歌う歌は堂々たる讃歌である。ではいかにして、「卑しい女」であるはずの彼女から、この「堂々たる讃歌」があふれ出てくるのであるか。それは彼女が、自分の〈いやしい姿〉にではなく、ただひたすらに、その自分になされた〈偉大なこと〉の方に眼を注ぎ続けるからである。そしてそこにこそ、マリアのほんとうの〈謙遜〉はある。マリアの謙遜は、自分のいやしさや貧しさや弱さに恥じ入って、そこにうずくまる謙遜ではない。そういう身であるにもかかわらず、そのわが身になされた大いなることに眼を注ぎ続けることから生まれてくる謙遜である。そういう謙遜から、はじめて、彼女の「堂々たる讃歌」も生まれてきたのである。

私たち人間のいかなる貧しさも弱さも、欠けも恥も、醜ささえも、それにもかかわらず、そこに大いなることがなされるのを阻むことはできないことを、この讃歌は私たちに教える。私たちが、自分の貧しさ、弱さのなかにうずくまり、自分の欠けのなかにとぐろを巻いているかぎり、そこからは、神への堂々たる〈讃歌〉はむろんのこと、ほんとうの〈謙遜〉も生まれてくることはない。

クリスマスは、私たちが自分の〈貧しさ〉や〈いやしさ〉や〈弱さ〉にうずくまるときではなく、それにもかかわらず、その〈貧しい私〉の上になされつつある〈大いなること〉の方に、眼を開くときである。

73　残された〈余地〉

ルカ福音書は、クリスマスの出来事、救い主イエスの誕生が、時の政治的権力者、ローマ皇帝アウグストが命じ施行した人口調査のために、わが家の暖かさにつつまれてではなく、よるべなき旅先で起こったと伝える。しかも折からその登録のために、故郷の村に里帰りしてきた多くの客たちのために、客間からも締め出され、家畜小屋の飼葉おけのなかで生じたと語る（ルカ二・一―七）。この伝承が、いかなる歴史的な核を有するのかは不明であるにしても、著者ルカは、苦難の道を歩み通し、ついに十字架上に死んだイエスを想い起こしながら、自らの眼に映じたイエスの姿を、そのもっとも原初の姿で描き出したものであることはたしかであろう。

ルカによれば、救い主の誕生は、私たちの予想とはまったく異なる場所で、異なる姿で生起する。そしてそうなったのは、「客間に彼らのいる余地がなかったからである」（七節）と言われる。私たちの世界が、そのための〈余地〉をまったく残していなかったがゆえに、救い主の誕生は、旅先で、しかも宿屋の客間からも締め出されて、起こるほかなかったのだというのであろう。

私たちもまた救いを求め、救い主を求める。しかしその私たちの「客間」には、すでに、過去の経験や、常識や、それらに基づく数々の思惑や計画や期待などがいっぱい詰まり、それらに占拠され、それらをめぐる数々の思い煩いに引き回されて、とてもそれ以外に新たな客を迎える〈余地〉などは残されていないというのが実情である。そのようにして私たちは、救いを求めていると言い、自らもそう思いながらも、その実は、すでに私たちのもとに到来し、戸の外に立って叩きつゝある新しい客を、自らの手で締め出しつゝあるのではないか。ルカの物語が教えるのはそういうことであろう。

しかしまたルカは、同時に、そのように客間にはいかなる〈余地〉も残されておらず、そこから締め出されるほかなかったにもかかわらず、救い主は生まれたもうたのだと語る。それが飼葉おけでのイエスの誕生が指し示す、もう一つのことである。私たちの眼には、もはやいかなる〈余地〉も残っていないかに見える宿屋であっても、その家畜小屋に救い主は生まれたもうことができる。いかなる〈余地〉も残されていないとしか思えないような場にも、イエスは生まれ、そこに新たな〈可能性〉を拓きたもう。

私たちはそれぞれに拭いがたい過去や、逃れようのない過去を背負っている。その過去は、ときに私たちからあらゆる〈可能性〉を奪い去り、もはやいかなる〈余地〉も残されていないかに見えることもある。しかしイエスの十字架を想い起こすとき、そのイエスによって、そこにも新しい〈余地〉が拓かれてくるのをルカは体験したのである。

74　クリスマスの発見者

聖書のクリスマス物語が伝えるところによれば、救い主イエスの誕生というクリスマスの出来事を見出し、それと行き逢うことができたのは、幼な子の父母をのぞけば、わずかに、マタイの伝える「東からきた博士たち」と、ルカの伝える「荒野の羊飼たち」だけである。

ルカの物語（ルカ二・七－二〇）で印象づけられるのは、その羊飼たちの住む世界と幼な子イエスの誕生の出来事が起こっている世界との、きわめて対照的な姿である。羊飼たちが生きている世界、人里を遠く離れ、人々からも忘れられて、寒空のもと寂寥と沈黙の支配する世界と、それとは対照的な、ベツレヘムの町なか、それも折からの人口調査のために宿屋の客間すらあふれ返っている、雑踏と光と混乱がさんざめく世界。羊飼たちにとって、クリスマスの出来事は、自分たちのまったく外で、正反対ともいえる世界に起こった出来事であったのである。しかし主の御使は、その彼らに、きょう「あなたがたのために」救い主が生まれたもうたのだと告げる。そして彼らは、自分たちには無縁としか思えない世界に起こったこの出来事を、自ら確かめるべくベツレヘムに赴く。そしてまた、遥かに遠い東の世界からは、三人の博士たちがやってくる。そしてこの両者だけが、「飼葉おけに寝かしてある幼な子を捜しあて」（一六節）、クリスマスの発見者となる。つまり、イエスの誕生は、一見それと同じ世界に住み、生きている人たちによってではなく、むしろ、そこからは締め出され、それとはまったく無縁と言わざるをえないような世界に生きながらも、しかしその無縁と見える出来事のなかに、自分自身にかかわることを見出しえた人たちによってのみ、目撃されたのである。

こんにち私たちがクリスマスのイエスの誕生にほんとうに出会うのも、私たちがこの羊飼たちと同じ場に立つことによってであろう。私たちの存在のうちにある見捨てられ締め出された世界。ベツレヘムの家畜小屋の飼葉おけの出来事は、そここそが、私たちがイエスの降誕の出来事に出会える唯一の場所であると教える。自分自身では埋めることのできない、見捨てられた寂寥と孤独の場所、まさにそのためにイエスは生まれ、死にたもうた。こうしてはじめて、イエスの誕生が「すべての民に与えられる大きな喜び」（一〇節）となり得たのである。

ひるがえってわれわれのクリスマスはどうか。自分が締め出されているとは思わない人々が、自分のなかの見捨てられた部分をひた隠しに迎えるものに化してはいないのか。そうであれば、家畜小屋の飼葉おけの出来事は、壮麗な宮殿の豪華なベッドで起こる出来事でもあるかのように、根本的に錯覚されていると言うべきではなかろうか。

75　時間の篩《ふるい》

自分の過去をふり返ってみると、その時々に私たちの心を揺さぶり、心をときめかせ、あるいは不安にし焦らしたことで、今もなおそのときの胸の高鳴りとともにありありとよみがえってくるものもないではないが、しかし大半は、一年前のことですら今はもう、あのときなぜ自分があれほどの気持ちになったのかさえ、自分でも訝しく思えてくるようなものになっているのが実情なのではなかろうか。そのときに自分に見えていた射程範囲では、それは何にも代えがたいほどに重大に思え、あるいはとり返しのつかないような失敗と見えたことも、しばらくの時が過ぎて、それらがいわば〈時間の篩〉にかけられると、それらすべてが必ずしも、それほど大切でも重大でもなかったということもしばしばである。

しかし、それらもその時その時には、すべてとても大切で、今それを取り逃がしたらどうしよう、どうなるだろうと、私たちを思い悩ませたものだったのである。今にして思えば大したことはないが、その時々には一大事に見えていたのである。生の現実においては、そういうものが、ほんとうに大切なもの、大事なものにまじって、次々とかたちを変えながら、踵を接して私たちの眼前に現われてくる。少しでも〈時間の篩〉にかければ、ほんとうに大切なものとそうでないものとの振り分けができてくるはずのものでも、その時々には、あらゆるものが等しく、のっぴきならない大切なものに見え、私たちはそれらすべてに次々と引きずり回され、振り回されて、それらを追っかけながら一喜一憂するのである。

現代のアメリカ社会学を代表する一人P・L・バーガーは、あるところで、こういう趣旨のことを述べている。現代の社会では、あるものが大切かどうかを決定するものが、主としてマス・メディアになっている。ところがそのマス・メディアなるものは、本質的に、つねに、こと新しいものに対する、どうしようもない飢えに悩まされているものなのだ。したがって、そういうものによって根本から規定された私たちの文化のあり方そのものは、そのようにして、次々と大切だというものが変わって行くという〈もろさ〉を不可避的に抱えているのだというのである（『天使のうわさ』）。

バーガーの言う「新しさに飢えたマス・メディア」に引っかき回され、私たちの社会も文化も、物事を〈時間の篩〉にかける余裕を奪われて行きつつある。何でもかでも〈ニーズ〉ということばの暴力と専制のもとで、私たちを擒にし、何がほんとうに大切なのかの問いも、その振り分けもできなくなって、その結果、私たちはあらゆることに、等しく、次々と振り回されることになってはしないか。

76　再びそして新しく

子ども時代ほどではないにしても、それでもお正月が来て年が変わると、私たちも何ほどかは心あらたまる思いにさせられる。今年こそは何かをやってみよう、あるいはそこまで行かなくても、もう少し何とかしてみよう、などと思うことは少なくない。子どものときのように書き初めにすることはなくても、年賀状ではそのことにちょっとふれてみたりもする。しかし松の内も明けるころになって、昨年通りの日常の生活が戻ってくると、いつのまにやら、元の木阿弥になって、その決意も忘れられてしまい、旧態依然たる、昨年通りの私たちが続いて行くことになる。

しかし、それもまた当然といえば当然である。年が改まったからといって、私が私でないものになるわけではない。私が私でないものになれるかのように思うとすれば、それこそ錯覚である。私は、どこまで行っても私である。好きであろうと嫌いであろうと、私たちはそれぞれの「自分」を背負うて一生を歩み切るほかはないのである。そこを一歩も出ることはできないのである。

けれどもまた一方で、昨年の「私」が、ほんとうの〈自分〉なのかと問えば、そう断言することも、人間には許されていまい。私たちはときどき「眼からうろこが落ちる」ような経験をして、それまで〈自分〉だと思っていたものがいったい何であったのか、という思いにさせられたことも少なくはないはずである。とすれば、昨日の自分や昨年の自分がほんとうの〈自分〉だなどとは言えまい。むしろ、ほんとうの〈自分〉といえるものは、私たちにとって「永遠のX」にとどまるのであり、私たちは、一生かけて、その〈自分〉を探しているのではないか。しかもその自分探しは、いつかどこかで新発見をもって終わりを告げるものではなく、これこそは〈自分〉だと思っていたものの奥に、さらにいっそう深い〈自分〉があらためて見出されてくる、といった「再発見」の連続であり、だからこそ〈自分〉は「永遠のX」と言われるのではないか。そうだとすると、同じ自分をくり返しているだけでは、ほんとうの自分に出会うことはできない、とも言わなければなるまい。

一本の木が生長するのは、次々に新しい別のものになって行くことによってではない。木は永遠に同じ木であり続ける。しかも一瞬としてとどまることなく新しい自分になって行く。有機体の生命が示すのは、そういういのちのはたらきである。人間のいのちもまた、次々と別のものになって行くことによってではなく、永遠に同じものであり続けながら、しかも一瞬もとどまることなく、新しくなって行くところにあると言えようか。そうだとすれば、私たちの歩みは、「再びそして新しく」という〈再発見〉の旅なのではなかろうか。

断章Ⅲ（一九九七）

77　生かされて＝生きる

　直下型の大地震を体験した。それはきわめて広範囲に、地上のあらゆるものを巻き込む、自然の強大なエネルギーであった。しかしあれほどすべてを等しく呑み込んだはずの出来事でさえ、それをどこで、どのように体験したかによって、人それぞれに、その体験はとてもちがっているように思われる。それを十把ひとからげにして扱われると、どこか少しちがうのではないかと感じる。もちろん今後に資するためには、それを総合的、総括的に扱う必要も大いにある。しかしながら、自分のきわめてかぎられた体験を、それが唯一の事実であるかのように振り回すことは厳に戒められなければならないにしても、同時にまた、それぞれが、各自に異なって体験した体験も、自分で大切にしてゆかなければならないのではなかろうか。

　生き残って、痛感したことの一つは、あの地震が、もう一時間早ければ、あるいは逆にもう一時間遅くても、あるいはまた、自分の家がもう百メートル北に位置し、あるいは南に位置していたら、自分はとても無事ではありえなかったろう、という強い印象である。その後、激甚被災地の人たちの被災状況にふれるにつれて、その思いはますますつのった。同じ家にいながら、生死を分けた人たちも少なくないし、またそれこそ、ものの数十センチの差、数分の差で助かった人、逆に犠牲になってしまった人の話もたくさん聞いた。

全般的に言えば、今回の地震で、木造家屋の場合、同じ家でも二階にいた人の方が、一階にいた人よりも助かった例は多いだろう。しかし個々に見れば、逆の例も多く、二階にいたから助かったのだとも断言はできない。それにあの時点でたまたま二階にいた人もおれば、たまたま一階にいた人もいる。そして、そのことが人の生死までも分けることになったのである。生き残った者で、自分が今ここにいるのは、「自分がこうこうしていたからだ」とか、「自分にはこれこれこういうものがあったからだ」などと言える者はいないだろう。たまたま自分がその危うい〈あいだ〉にいただけの話で、それが、自分が今なおここに生きてあることの理由なのだ、という奇妙さである。自分は生き残るべくして生き残ったのでは決してないという思いが、ある種の申しわけなさとともに、心の底によどんでいる。「あなたの持っているもので、もらっていないものがあるか。もしもらっているなら、なぜもらっていないもののように誇るのか。」（Iコリント四・七）

しかしこれは、地震という非常事態だけの話なのか？　おそらくそうではあるまい。日々の私たちの生も、実はこれと同じ理由のなさの上にある。それなのに私たちは「俺は自分で生きているのだ」と錯覚しているだけではないのか。

78　いのちより大切なもの

星野富弘の詩画集『鈴の鳴る道』の一節には、こうある。

いのちが　一番大切だと
思っていたころ
生きるのが　苦しかった

いのちより大切なものが
あると知った日
生きているのが
嬉しかった

「いのちが　一番大切だと／思っていたころ」、つまり人間、わが〈いのち〉を失えば何にもならぬ、〈いのち〉あっての物種だ、自分の〈いのち〉は、何としてでも、自分で護らなければならぬと思っていたころ、自分で「生きるのが苦しかった」。ところが、その「いのちより大切なものが／あると知った日」、かえって逆に、自分が「生きているのが／嬉しかった」と言われる。

「いのちより大切なもの」などと言うと、私たちはすぐに、〈自分〉を殺し、わが〈いのち〉を捨ててまでも、何かのため、誰かのために犠牲になることなどを連想しがちである。しかしここには、そういうこわばった姿勢はない。ここに言われているのは、わが「いのちより大切なものが／あると知った」とき、かえって、自分が「生きているのが／嬉しかった」ということである。自らの〈いのち〉より大切なものがあることが見えてきたとき、逆にそれに支えられて、自らの〈いのち〉が、嬉しさや喜びを回復するというのである。

考えてみれば、自分の〈いのち〉を大事だ大事だと、いくら後生大事に抱え込んでいても、それでその〈いのち〉が輝くはずはないのである。その〈いのち〉を何かのために費やし、何かのためにその〈いのち〉を燃やし尽くすとき、はじめてその〈いのち〉は輝きを見せる。わが〈いのちより大切なもの〉が見えてきたとき、はじめてその〈いのち〉そのものの輝きも見えてくるのではないのか。

「いのちより大切なものが／あると知った日」、そのとき〈自分のいのち〉は、〈自分〉のいのちでありながら、ただそれだけではないもの、もっと奥行と深さを具えた〈いのち〉として見えてくる。私たちは自分の〈いのち〉を、わが〈いのち〉、わが〈いのち〉と、自分の眼だけで追いかけて、かえってその〈いのち〉そのものの喜びや嬉しさを見失っているのではないのか。逆に、〈いのちより大切なもの〉を見出すことが、その〈いのち〉を見出す道なのではあるまいか。

79 〈美しく〉生きる

私たちの世界は、とりわけ〈美〉に対して敏感な世界である。テレビにも週刊誌にも、〈美〉という言葉が踊っている、いわく、美しいスタイル、美しく痩せる、美しく着る、美しく装う、などなど。それらを見ていると、私たちの時代、私たちの世界は、〈美しさ〉を何よりも求めているように見える。

しかし、その私たちも、いざ〈生き方〉の話となると、〈美〉だの〈美しさ〉だのは、どこかに吹っ飛んでしまう。代わって登場するのは、きまって、〈いい〉か〈わるい〉かという基準である。何かあるとすぐに、「他人に迷惑をかけているわけでもないし、好きに生きて、いったいどこがわるいのか？」といった調子である。しかし着るものや装うものに、いい・わるいという基準のほかに、美しいかいないかが問題になるように、〈生き方〉や〈生きざま〉にだって、それがいいかわるいかだけではなくて、それが美しいかいないかも問題になるのではないのか。

『伝道の書』に、「天が下のすべての事には季節があり、すべてのわざには時がある。生まるるに時があり、死ぬるに時があり、植えるに時があり、植えたものを抜くに時があり……泣くに時があり、笑うに時があり、悲しむに時があり、踊るに時があり……黙るに時があり、語るに時があり、愛するに時があり、憎むに時があり、戦うに時があり、和らぐに時がある」（三・一─八）とあって、「神のなされることは皆その時にかなって美しい」（三・一一）と結ばれる。いつも泣いているのがいいわけではない。さりとて、いつも笑っていればいいというものでもない。悲しむにふさわしい時も、喜び踊るにふさわしい時もある。黙るにも、語るにも、愛するにも、憎むにも時がある。

時にかなえば美しいことも、時をたがえれば醜くなる。これは何も洋服のセンスだけの話ではあるまい。生きざまだって同じではないのか。私たちの世界では、「仕事」の時間に「休日」の生き方をもち込むことは厳しく非難されるが、しかし「休日」の時間に「仕事」の生きざまをもち込んでも、「何がわるいか、誰に迷惑をかけているわけじゃなし」といってすまされる。なるほど、何も「わるく」はないだろう。しかしだからといって、それが「美しい」というわけではない。そこには時にかなわない、時をたがえたものの〈醜さ〉は残る。

その〈醜さ〉はどこにあるのか。それは、自然のリズムも宇宙のリズムも無視して、自然や世界を、自分の都合で何とでもできると思い込んだ近代人の思い上がりがもつ〈醜さ〉なのではなかろうか。「よく生きる」「正しく生きる」ことも必要だ。しかしまた「美しく生きる」ことも、それに劣らず大切なのではなかろうか。

80 〈いのち〉の時間

ドイツの人たちと生活を共にしてみると、その生活が「森とともにある」ことを印象づけられる。町の近くに大きな森があり、しかもその森は起伏が小さく、道も歩きやすく整備されているので、土曜や日曜ともなると、老若男女、文字通り乳母車の赤ちゃんから老人までが、普段着のまま、一時間も二時間も森のなかを歩く。日曜日にはすべての店が閉まり、雨も少なく外出しやすいことなどもあるが、ともかくほとんどの人々の日常の生活の延長に森があり、森歩きがある。そしてその森は決して小さいものではなく、大きくて深い森である。しかもそれがリゾートの話ではなくて、人々の日常の生活のすぐ近くにある。

昼なお薄暗い、深い、大きな森のなかを歩いていて、いつも痛切に思わされるのは、〈いのち〉の時間ということである。森のところどころには、大木が伐り出されて積まれ、そのあとに背の低い、新しい苗木が植林されている。樹齢八十年とか、百年とかで伐り出されたトウヒの大木などを見て思うのは、この木を植えた人は、もうとっくにこの世にはおらず、今伐り出している人たちの父母か、祖父母の世代が、それを植え、世話をしたのであり、今また新しい苗木を植え、世話している人々も、その苗木が成木となり、大木となるのを見ることは決して あるまいということである。その人たちは自分の労働の成果を自分の手中にすることはなく、それは子や孫、さらには曾孫の世代にやっと現われる。こうした深い森は、そういう労働の積み重ねによって守られ、またそういう労働によってしか守られないのだ。

私たちの世界は、そういう時間とは正反対の方向に動いている。同じことなら、できるだけ時間はかけない方がいい。投下された労働も資本も、寝かせる時間はできるだけ少なくして、早くその成果を回収し、効率を競い合う。こういうふうにして効率よく運用してかち得た経済力で、外材を輸入することもできるし、それの方が、少ない労働力と高い人件費をつかって国内の林業を振興するよりははるかに効果的というものである。第一、日本の山地の急峻さは、木材の生産には不向きでもある。それに適した地域からの輸入の方が合理的であるともいえる。

指摘される熱帯雨林の破壊の問題など、開発に伴なうさまざまな重大問題をひとまず措くとすれば、そのようにして木材という〈もの〉は、効率よく手に入るだろう。しかしそれと、木という〈いのち〉とは別の問題である。木の〈いのち〉、その〈いのち〉が生きる森は、自らの労働の成果を自らの手中にはなしえない労働の積み重ねによってのみ守られる。〈いのち〉を流れる時間は、子や孫や曾孫のために今日を生きるというスケールを要求するような、「効率至上」とは決定的に異質な時間である。

81 死者の眼——〈さわやかに〉生きる

イエスの「愚かな金持ちのたとえ」（ルカ一二・一三−二一）では、ある金持の農夫が、神に「愚かな者よ」と決めつけられている。しかし、それまで彼はひたすら、人が生きて行くのに不可欠な「食糧」のために労苦し、工夫を重ねてきたのである。彼は農耕技術を身につけ、農業経営に腐心し、豊作の幸運に際会しても気を緩めずに、設備投資によって将来に備えようとする。それがなぜ〈愚か〉なのか。それはむしろ、人として〈誠実〉であり〈賢明〉というものではないのか。

これを〈愚か〉とするのは、ただただ、「あなたの魂は今夜のうちにも取り去られるであろう」という事実だけである。今夜自分が死ぬとなれば、「あなたが用意した物は、だれのものになるのか」、それがあなたの〈いのち〉を支えてくれるとでもいうのかと問われれば、なるほどそれも至極もっともである。そのように、いわば〈死者の眼〉から見られれば、彼がなすことにも、〈愚か〉と呼ばれても仕方がない一面が現われる。しかし、明日も生き続けて行かねばならぬ〈生者の眼〉からすれば、それは依然として〈賢明〉であり〈誠実〉な態度である。「宵越しの金は持たぬ」などと粋がっても、それが人としての誠実さを、まして賢明さを証明するわけではない。それこそ〈愚か〉と言わるべきではないのか。

しかしまた、いい意味で「宵越しの金は持たぬ」という生き方には、どこか人として、あるさわやかさを感じさせるところもあるのではないか。生きて行くには「宵越しの金」も必要だ。しかし「あすのことは、あす自身が思いわずらうであろう。一日の苦労は、その日一日だけで十分である」（マタイ六・三四）と、一日を一日として終わらせる。それは〈いのち〉を粗末にするのではない。しかしそれに縛り上げられずに生きている人の〈いのち〉の単純さ、さわやかさが、そこにはある。

〈生者の眼〉で見続けているかぎり、明日も、明後日も、次々と、無限に襲い来るさまざまな事柄に引きずり回され、眩惑されざるをえない。そのうちに、肝腎の自分の〈いのち〉そのものは見えなくなる。〈死者の眼〉になってはじめて、自分自身の、かけがえのない、ほんとうの〈いのち〉が見えてくるといえようか。その〈いのち〉を端的に生きることから、あるさわやかさが生まれてくる。

「死ぬ気になってやる」のは、依然として〈生者の眼〉である。「死ぬ気になってやる」のではなくて、「死んだ気になってやる」と、虚飾を剥ぎとられた自分の〈いのち〉が姿を見せる。ある人の言葉をかりれば、「死んだ気になってみる」と「死に触れることによって〈生きること〉が単純な質になる」（上田閑照『生きるということ』）。それによって〈いのち〉は、ある端的さと、さわやかさを獲得する。

82　一タラントの者

マタイ二五・一四―三〇の「タラントのたとえ」では、ある家の主人が三人の者に、それぞれ五タラント、二タラント、一タラントの財産を託して長い旅に出る。時が過ぎ、主人が戻って清算を始める。五タラントの者、二タラントの者は、預かった金とともに、それを元手に儲けた五タラント、二タラントを差し出し、主人を喜ばせ、褒美としてそれもあわせて受け取ることになる。しかし一タラントの者は言う、「ご主人様、わたしはあなたが、まかない所から刈り、散らさない所から集める酷な人であることを承知していました。そこで恐ろしさのあまり、行って、あなたのタラントを地の中に隠しておきました。ごらんください。ここにあなたのお金がございます。」彼は主人の怒りをかい、一タラントは彼から取り上げられて、十タラントの者に与えられる。

これを読むと、一タラントの者にいささか同情したくなる。何も悪事をはたらいたわけでも、使い込みをしたわけでもない。ただ少し小心者で、商売をして万一失敗して、預かった金を失うのを恐れただけである。預かった金を土中に埋めるのは、当時は正当と認められた保管方法だったのだ。少し小心で失敗を恐れることが、そんなに厳しい叱責に値するのか。失敗を恐れるなという投機の勧めでもしようというのだろうか。

ルカ福音書の平行記事（ルカ一九・一一－二七）では、この話はみんなが同じように一ミナを託され、ある人は十ミナ、五ミナを儲けるという話になっている。われわれには、マタイのように「能力に応じて」預けられる額に大小のちがいがあるよりも、この方がなじみやすくはある。かたちはちがっても、みんなそれぞれに神から平等に何らかの才能（タレント）を与えられている。その才能を土中に眠らせないで活用するのが、神の付託に応える道だと言えば、俗受けはするだろう。

しかしマタイでは、能力に応じて額に大小があり、一番少ない一タラントの者が叱責される。ところが実は、この一タラントそのものは小さな額ではなく、日雇労働なら稼ぐのに何年もかかる額である。しかし彼には、それを託された自分自身が「まかない所」「散らさない所」としか映らなかった。私には五タラントも、二タラントもない。もし私に五タラント、二タラントがありさえすればと思い続け、こういう結果になったのである。大事なのは何なのか。どこかに〈できる自分〉を捜しまわることとなのか。一タラントしかない自分、〈できない自分〉を大切にすることではないのか。

自ら苦しみや悲しみや挫折を体験した人だけが、他人の深い苦しみ、悲しみ、やるせなさを深く共感できる。「働くことができない」人にしかできないはたらきもある。〈できる自分〉も大切だが、〈できない自分〉も大切なのだ。今の私たちの時代や社会は、あまりにも〈できる自分〉だけにこだわりすぎてはいないのか。

83 暗きに照る光

ドイツのラーン河畔の古い大学町マールブルクは、メールヒェン街道の街として、今なおグリム童話の世界を色濃く残している。城の裏山の森を歩いていると、毎日、栗鼠たちに出会うこともできるし、その途中、森のなかに座って、木々のそよぎや、落葉の上にぽとりと木の実が落ちる音などを聞いていると、時の歩みがゆっくりと流れる。

その町に、赤みを帯びた砂岩でできた、ドイツ最古のゴシック建築とされる、エリーザベト・キルヘという大きな美しい教会がある。その内陣の左側に、イエスを抱いた母マリアの姿をかたどった古ぼけた木彫が、上下にぴったり二つ重なって壁面にかかっている。しかしその両者は、同じように母マリアとイエスとを題材にしてはいるが、実は相互に無限に隔たっている。上は生まれたばかりの幼な子イエスを抱いて、新しい生命の誕生の喜びにあふれる母マリア、そして下は十字架から降ろされたばかりのイエスをかき抱いて、かぎりない悲しみに苦悶する母マリアの姿（ピエタ）である。その対照に、見る者はあらためて心揺すぶられる。

これはただ、上にはイエスの生涯のはじまりを、そして下にはその終わりを描いたにすぎないのであろうか。おそらくそこには、もっと深い意味が匿されているように思われる。マタイ福音書は、

「神われらと共にいます」ことが実現したクリスマスの夜に、幼な子イエスの誕生を祝うべく東の世界から遙々旅してきて、その幼な子を捜しあてる博士たちの晴れやかな喜びの場面に引き続いて（二・一―一二）、ヘロデ王による近隣の幼児たちの無惨な虐殺と、その母たちの叫び泣く悲しみの声を伝える（二・一三―一八）。ルカ福音書もまた、幼な子イエスを喜び迎えて、その子を腕に抱き、神に向かって「わたしの目が今あなたの救を見た」と讃歌を歌ったシメオンに、そのすぐあと母マリアに向かって「あなた自身もつるぎで胸を刺し貫かれるでしょう」と語らせる（二・二八―三九）。クリスマスの夜に、喜びのうちに生まれたこの幼な子は、その生涯のはじめから、このように十字架の死を身に帯びていたというのが、聖書のクリスマス物語の理解であろう。

　クリスマスの夜の喜びはこうであった。十字架の上で、苦しみ、悲しみの果てを味わい尽くしたイエスにしてはじめて、暗黒と死の蔭に住む私たちの光となることができる。十字架の死を身に帯びて生まれた幼な子にしてはじめて、暗きに照る光となる。私たちのクリスマスの喜びが、今暗黒と死の蔭に呻吟する人たちにとって無縁のものと化し、その人たちの苦しみの底に届くことができないとすれば、その喜びはもはやあの二〇〇〇年前の夜の喜びとは異なるものであろう。

84　イエスの眼差し

ヨハネ福音書の第一章は、イエスと最初の弟子たちとの出会いを伝える。ピリポから「ナザレのイエスにいま出会った」と聞かされても、「ナザレから、なんのよいものが出ようか」と無視したナタナエルも、ピリポの誘いでイエスに出会う。そこで彼は人生の大きな転換を体験し、イエスに対して、「先生、あなたは神の子です。あなたはイスラエルの王です」と語るに至る。しかし彼はイエスに出会い、イエスが他と比べて格段に偉大だと知って、そう叫んだわけではない。「ピリポがあなたを呼ぶ前に、わたしはあなたが、いちじくの木の下にいるのを見た」（一・四八）というイエスのことばで、彼の人生は転換する。

ピリポがナタナエルにイエスの話をする前に、そしてナタナエルがイエスのもとにやって来るよりも前に、イエスはすでにナタナエルに眼をとめておられた。ナタナエルからすれば、自分がイエスのことを聞き、イエスのもとにきてイエスを見るよりも前に、イエスはすでにその自分が何を思い、何を求め、何を考え、何を悩んでいるかに、深い関心を寄せながら、自分に眼をとめておられた。そのことの発見が、ナタナエルの根本的な転換を引き起こしたのである。いろいろ捜し求めたあげくに、やっとのことで圧倒的に偉大な人間に出会って、転換したというのではない。自分が捜し、自分が見出すよりも先に、その自分を捜し、自分に眼をとめていた、その眼差しに出会って、彼は大きな出会いと生き方の転換を経験する。

自分の遊びに夢中になっていた子どもが、ふとわれにかえって不安になり、あわてて後ろをふり返ると、そこに、自分が捜し求めるよりも前に、黙って自分を見つめ続けている母親のやさしい眼に出会う、そういうとき、そこには代えがたい信頼が生まれる。迷いに迷って、あちらこちらと母親を捜しまわり、やっと見つけたときの喜びは、何にも代えがたいほど大きいだろう。しかしその喜びは、深い信頼を生むあの喜びではないであろう。またお母さんをほかの人と比べてみても、そんな比較からはこういう信頼は生まれようはない。自分があれこれと捜し、見出すよりも前に、すでに自分は捜され、眼をとめられていた、こういう体験こそが、私たちの存在を、その根底からほんとうに支えてくれる。ナタナエルは、イエスに、こういう眼差しを見出したのである。

自分で一生懸命捜すことも大切だ。しかし、自分が捜し、見つけ出すよりも前に、すでにそこにあり、そして自分はそのなかで、それとともに生きていた、自分には見えていなかったそのことが、今見えてくるという喜びがもっている深さと信頼こそ、人間存在のほんとうの基盤につながる喜びなのではなかろうか。

85　コペルニクス的転回

　V・E・フランクルの『夜と霧』は、多くの人々に読まれ、そしてまた感動を与え続けてきた書物である。その意義は今も衰えてはいない。実存分析、ロゴテラピーで知られる新ウィーン学派精神医学を代表するフランクルが、ユダヤ人のゆえをもって投ぜられたナチス強制収容所における凄惨な実体験（彼の妻も両親も兄もそこで死去する）を、心理学者の眼で、そこが囚人たちによってどのように体験されたかを分析しつつ、物語るものである。

　収容された直後には、その想像を絶する悲惨な現実に激しい衝撃を受けた囚人たちも、それが来る日も来る日も続いて行くうちに、ドストエフスキイが「人間というものは、すべてのことに慣れることができる」生きものだと言うように、いかなる異常事にも心動かされなくなってしまう。そうして囚人たちの感情や行動は、あげて「自分の生存の維持」という一点に集中し、それに役立たないことはすべて無価値とされ、まったく関心を引かなくなってしまう。さらにそれにとどまらず、それと並行して、その人間自身の内部崩壊がはじまり、感情は鈍磨し、無感覚、無関心が彼らを支配し、やがて彼らは、運命の手に自分の一切を明け渡してしまい、生ける屍のようになって、自己を喪失し、完全な人間崩壊を遂げるに至る。

しかしこうした事態にありながらもなお、そういう典型的な収容所囚人の道を辿らずに、死に至るまで、最後の最後まで、運命の手に自分を明け渡さず、絶望的事態のなかでもなお自らの態度を自ら選びとり、他人にやさしいことばをかけ、自分の最後のパンの一片すら与えながら、真に人間であり続けた人々が存在した。そこにはもはや、意味ある人生、素晴らしいものを生み出し、あるいは美しいものを喜び楽しむ人生は、完全に失われ果てていた。現在には暗黒しかなく、行く手に待ちうけるものも、不可避な病と確実な死だけであった。「私はもはや人生から期待すべき何ものも持っていないのだ」、こういう限界の状況にありながらなお、これらの人々が、最後まで人間らしくありえたのは、何によるのだろうか。

フランクルによれば、それは、これらの人々が、生命の意味についての問いに対し〈コペルニクス的転回〉を遂げていたからである。つまり、「人生から何をわれわれはまだ期待できるかが問題なのではなくて、むしろ人生が何をわれわれから期待しているかが問題である」こと、「われわれが人生の意味を問うのではなくて、われわれ自身が問われた者として体験される」ということを、体験のなかで学び知っていたからである。今ここで自分に問われ、求められている求めに応えるなかで、彼らはこの極限の状況を、人間として生き抜きえたのであった。

86 迷路

あちらこちらに、庭園の植木で迷路をこしらえたり、板囲いの迷路遊びがあったりする。一時のブームは去ったとはいえ、書店の書棚を見れば、時間つぶしのためなのか、さまざまな迷路ゲームの本が今もなお並んでいる。

書物の〈迷路〉ゲームは、このところはとてもこみいった複雑なものになっていて、簡単には解けそうにない。しかしいちばん簡単な〈迷路〉を考えるとすれば、それはいわば一本の木のようなものである。一つの入り口、一本の幹から入って、それがさまざまに枝分かれを重ねて行き、そして最後に、分かれた無数の枝先のうちのたった一つだけが出口になる。その出口に行き着くには、その前に、枝分かれするたびに、なんどもなんども、右するか左するかの選択を迫られる。さんざん思案していずれか一方を選んで、そちらを行き尽くしたあとで誤りに気づかされて、また分岐点まで引き返し、分かれ道のもう一方を辿りなおす。そういう選択と過ちをくり返したあげくに、やっと出口に辿りつくのである。

しかしその迷路も、いったん逆方向に、つまり出口である枝先の方から入って行けば、入り口の一本の幹に辿りつくのは、わけもなく簡単なことになる。なぜなら、同じ道でも逆方向に進めば、枝分かれは一つもないからである。馬鹿正直に入り口から入って、岐路に立つたびに選択に悩み、苦しむよりも、出口から逆方向に入り口までの道を確認した上で、その道を入り口から辿りなおせば簡単にすむことである。もちろん、最近の複雑な迷路ゲームはそんなに単純ではない。出口から入っても、無数に枝分かれするしかけになっている。そこからいえば、今言った迷路などは、迷路ゲームともいえない代物である。しかし大切なことは、たとえそのように逆向きには簡単きわまりない迷路であっても、いざ入り口から正直に入って進んで行くとなると、とたんにむつかしいものに一変してしまうということである。

マニュアルや模範解答は、いわば、迷路を逆向きに辿るようなものである。その道は間違ってはいないだろう。しかし決定的にちがうのは、そこには本質的に、岐れ道も選択もすっかりなくなってしまっているということである。だからむつかしさは完全にすり抜けられ、問題も雲散霧消せざるをえない。

ところが、人が現実に生きるところには、逆向きなどは存在しない。出口から入ることはできない。そこにこそ現実というもののむつかしさがある。マニュアルや模範解答は嘘を教えてはいないだろう。しかしそれは、問題を逆向きに辿ることで、問題を解消してしまうのだ。とすれば、そこに得られる答えは、現実から絞り出された答えとは、似て非なるものになるのも当然というべきではなかろうか。

87　ブリコラージュの思考

フランスの構造主義の思想を代表する文化人類学者C・レヴィ＝ストロースは、文明社会の「飼い馴らされた思考」を〈栽培の思考〉と呼び、それに対して「未開社会」の思考を〈野生の思考〉と言い表わして、その復権を試みている（『野生の思考』）。

〈野生の思考〉の特徴を、レヴィ＝ストロースは〈ブリコラージュ bricolage（器用仕事）〉ということばで表現する。「器用仕事」にたけた「器用な人（ブリコルール）」とは、何かをやろうとする際に、まず設計図を描いて、それに最も適切な材料と道具とを揃え、その上で仕事に取りかかるような人ではない。自分の身の回りにある「もちあわせ」の材料を、「もちあわせ」の道具だけで、それらをいろいろに駆使し、なんとかうまく組み合わせて、思いもかけない素晴らしいものを生み出すことができる人のことである。料理でも、まず献立をたてて、それに最も適した材料を仕込み、最もふさわしい道具を使ってこしらえる、それは料理の名人なのかもしれないが、しかし「器用仕事」とは言えないだろう。

「器用な人」は、まず、今自分の手もとにはどんな材料があり、どんな道具が使えるかをよくよく調べる。ただし、それらの材料や道具は、彼がこれからつくろうとしているもののために揃えられたものではなくて、以前に何か別の目的のために集められ、使われたものの残りであり、ありあわせにすぎない。その本来は何か別の目的に即して存在しているものを使って、そこから何か今までにないものをつくり出す、眼の前にあるもちあわせの材料や道具に即しながらも、しかしそこにないもの、そのままでは見えないものを、そこから自分でつくり出してくる仕事である。そういう仕事が〈ブリコラージュ〉と呼ばれる。

受験勉強にかぎらず、私たち文明社会の思考や知は、その時々の目的のために、その目的にそって整理され、不要な部分はそぎ落とし、その目的のためだけに最も効率よくはたらくように加工された、「飼い馴らされ、栽培された」思考や知である。その行きつく果てが、今私たちの社会に跋扈跳梁する「マニュアル」的な知や思考である。それはたしかに効率的に見える。しかし私たちがほんとうに生きる具体的現実は、そんな一面的抽象的なものではありえないのではないか。そこでは、目的に応じて、整理された材料や道具が揃っているなどということは、珍しいというべきであろう。そうなると、「飼い馴らされた」〈栽培〉の思考や知ではどうにもならなくなる。私たちにほんとうに必要なのは、もちあわせの材料と道具とを駆使して、そこにはない何かをつくり出す〈ブリコラージュ〉の思考であり、知ではないのか。

88　雪がとけたら

教育学者の大田堯氏の『教育とは何か』に、一つの新聞投書が紹介されている。ある双生児の姉妹が書いた、小学校低学年の理科の時間に出されたテストの問題への答えをめぐる、叔母からの投書である。設問は「雪がとけたら（　）になる」という穴埋め問題で、一人はそれに教師の期待通り「みず」と書いて○をもらったが、もう一人の方は「はる」と書いて×がついたというのである。大田氏は、もちろん、「はる」と答えた子どもにも、「水」という答え、そういうもう一つの「自然現象」を理解させることも、とりわけ理科の時間であるだけに必要であるかもしれないが、しかしそれだけでよいのだろうかと問うている。

雪がとけて水になるのも自然現象だが、雪がとけて春になるという自然の変化も、それ自体、人の心をときめかす自然のいとなみである。雪がとけて水になるというのと、雪がとけて春になるというのと、どちらが「理科」の時間にふさわしいのかはそう簡単には決められない。「理科」といえば、机上の知識の獲得か、はたまた実験と称する蛙の生体解剖かなどと考えるだけでよいのか。一つ一つのいのちが、その場その場で生き動いているのを、心をときめかしながら、やさしく見つめ続ける子どもたちを育てるのもまた、すぐれて理科教育ではないのか。

ともあれ大田氏は、この出来事をむしろ教師という大人自身の問題として取り上げる。自分の期待する答えだけに○をつける教師は、不幸であり、生きがいをもちにくいのではないか。教師の予想を越えたそうした答えを、きちんと評価することによって、教師自身の考えも広くなり、またその発見によって刺戟を受ける。それによって真実というものの奥行や間口が広がるのではないのか、というのである。

　ところがわが国の悪弊は、こういう話を聞くと、誰もがいっせいにそれを種に教育批判をやりはじめて、やれ「偏差値教育」がどうのこうのと、一億総教育評論家ふうの、パターン化された批判をくり広げることである。しかしそれこそ、「雪がとけたら」と問われて、機械仕掛けのように「水になる」と答えを返すのと同じようなものではないのか。ここの問題はむしろ、そういう意外な答えをきちんと受けとめられないと、自分自身のいのちの奥行や間口が広がって行かないのではないか、ということにある。そうなると、ことは何も理科教育の話ではなく、また自分自身の姿を棚にあげての教育論議の種でもない。現代の私たちの国が、こういう機械仕掛けの返答しかできず、またそういう返答しか受け入れられない大人たちであふれているのではないか、若者を自称する学生たちもまたそうではないか、そしてそれこそが現代のいのちの貧しさの根源ではないのか、そう問うことの方が先である。

89 〈上り坂〉と〈下り坂〉

歩いて行くうちに、次第に道はつま先上がりの〈上り坂〉となり、ほどなく前方に春の陽光にきらめく海が広がりはじめる。そこを上りつめると、やがて道はゆるやかな〈下り坂〉になる。しかし、その同じ道も、反対方向に歩いてくる人にとっては、私の〈下り坂〉は〈上り坂〉となり、私の〈上り坂〉は〈下り坂〉となる。当然に、その人に見えている景色は、同じ坂を歩いている私が見ている景色とは大きく、あるいは微妙に異なるだろう。

「東京じゅうの坂にのぼり坂とくだり坂とどっちが多いか？」（佐藤信夫『レトリック認識』）これは地理の問題ではない。たんにことばの遊びである。ある人にとっての〈上り坂〉は、反対方向から来る人には〈下り坂〉である。そして人生のように不可逆で、逆向きには進めないような道は別とすれば、ふつうには坂を一方向に行きっぱなしということはなくて、坂を上っていった人は、やがてまたその坂を下ってくるだろうし、坂を下っていった人も、やがてまたその坂を上ってくるだろう。一つの坂は、ある方向から見れば〈上り坂〉となるし、反対方向から見れば〈下り坂〉となる。〈下り坂〉も〈上り坂〉も、実は同じ坂にすぎないのである。

論理的にいえばそれだけの話だが、しかし、私たちの生きている現実においては、〈上り坂〉と

〈下り坂〉とが同じだなどということは絶対にないのだ。同じ坂ではあっても、その坂の上に住んでいる人、その坂の下に住んでいる人、その坂を遠くから眺めている人では、同じ坂が微妙にちがって見えているはずである。同じ坂も、その時々の私にとっては、苦しい上り坂になったり、愛する者と一緒に楽しく下る坂になったりする。それが、私が現実に生き、歩いている坂である。同じ坂にすぎないものが、私たちが生き、動いている現実のなかでは、無限のニュアンスを帯びることになる。

とすれば、そういう生きた現実をありありと描き出すのは、〈下り坂〉も〈上り坂〉も実は同じ坂にすぎないのだ、というだけに終わる語り方ではなくて、同じ坂にすぎないものが、しかし無限のニュアンスを帯びることを浮き彫りにするような、ゆたかな言語表現のはずである。「ことばの意味はけっして公平無私ではなく、じつにさまざまの、それぞれ特殊な視点からの認識の集成」である（佐藤信夫）。そういうことばによってはじめて、私たちが現に生きている現実が見えてくる。ところが私たちは、そんな見方は観念的であって、〈下り坂〉も〈上り坂〉も同じ坂にすぎないのだと言うことの方が現実的というものだと、思い込んでいるのではないのか。

90　事実を見る眼

J・B・マリノフスキーといえば、それまで研究室で二次資料によりかかってなされてきた民族学（人類学）研究を「肘掛椅子の人類学」と厳しく批判し、代わって専門家による長期にわたる現地調査（フィールドワーク）の第一次資料に基づいた人類学の研究を提唱し、こんにちの文化人類学の基礎を築いた人である。

その彼が、東ニューギニアのトロブリアンド諸島に住み込んで、二度、三年にわたる現地調査をまとめた記念碑的民族誌が『西太平洋の遠洋航海者』（一九二二）である。そこで見出された〈クラ交易〉が、その後の文化人類学の展開に大きな刺戟となったことは周知のことである。この書物の冒頭の序論でマリノフスキーは、彼の主張する現地調査のやり方を、自らの実地の体験をふり返りながら論じている。彼は、部族の行事や儀式や風習などを、ただ注意深く観察記録しようとするだけではなくて、同時に、部族の人々の集まりの真ん中に、ひたすら自らの身を置くという努力の必要を説いている。

そのようにして彼が求めているのは、「（原住民の）行為を部族生活の適当な場所に〈おく〉こと、つまり、それは例外的であるか、ありふれたことか、そのとき、原住民がふだんどおり行動しているか、それとも行動の全体がふだんとはちがうか」を示すことである。〈事実〉を見、それを記録することは大切だが、それが、その世界や社会や文化のなかで、どのように位置づけられているのかを見てとらなければならないというのである。その社会で、特殊な状況下での例外的でしかない事実を一般化してみたり、逆にその文化ではあたりまえであることを、さも特別なことであるかのように描くと、その〈事実〉は逆に、ありのままの現実の姿を見誤らせるものになる。社会がちがい、文化がちがうと、こうしたことは無数に起こる。

　差別構造があるところでも、こういうことは起こる。たとえば男女差別がある社会では、ある男性とある女性が同じ失敗をしたとしても、男の場合は「あれは男の風上にも置けない奴」だといって、その事実はたんなる例外として片づけられるが、同じことをある女性がやると、とたんに「だから女はだめなのだ」と、その事実は女性すべてに一般化される。われわれが外国人に浴びせる批判の裏側にも、しばしばこういう構造がひそんでいる。ところがそう言っている本人は、自分は〈事実〉に基づいて語っているのだと思い込んでいるのである。

　〈事実〉は大事だが、その事実をどういう〈枠組み〉のなかで捉えるか、それ次第によって、〈事実〉が逆に現実の姿を見誤らせるものにもなるのである。

91　異質への感覚

かつてある人が、日本人の思考の特徴を、〈エピソード主義〉と評したことがあった。何かについて論じているときに、ある一つのエピソードをもち出して、そのある時あるところでの一つの出来事を、全面的に押し拡げて、そこから結論を引き出すというやり方である。もちろん議論や説明をわかりやすくするためには、実例を使い、エピソードをもち出すのも悪くはないし、必要ですらある。問題は、そこからそれを一般的結論につなげてゆくにあたって、その自分の議論に対してどれだけコントロールが利いているかにある。ところがわれわれの議論はしばしば、それをただちに一般的結論に短絡してゆく。そうなると、その発端はきわめて具体的現実的で、しかもそれを一般化したのだから、一見すると、きわめて論理的にさえ見えてくることにもなる。

しかしこういう思考には重大な前提がある。この世界やこの世界で生じることは、ほぼ同じようなものだ、同質的なものだということが前提され、だから一つのエピソードですべてが語れたかのように思い込むのである。しかしそういう前提は、みながほぼ同じように感じ、考え、生きている同質的社会でしか成り立たない。私たちの社会は、ともすれば無意識のうちに自分の社会を同質的なものと思い込みがちである。ある人が何かを言い、別の人が同じことを言っているのを聞くと、もうそれだけで「みな」そう言っているのだと思い込む。私たちが日頃つきあっている、自分とほぼ同質的な人間が同じことを言っているからといって、私たちとは非常にちがった暮らしをしている人が、そう考え、そう判断するとはかぎらない。日本ではこうなのだと言ってみても、それがそのまま現に日本に住んでいる外国人にもあてはまっているかどうかは疑問である。私たちの社会はともすれば、自分たちのなかの〈異質〉な分子をできるだけ視野の外において、同質的に考えようとする。〈エピソード主義〉はそういう構造の上に成り立つ。

これはかつて土居健郎氏が、日本人の思考の〈同一化〉と〈摂取〉として取り出した問題である（『甘えの構造』）。他と向き合うときに、そこに存在する異質なものと向き合うことをできるだけ避けて、その人のどこかに自分と共通する〈同一性〉を捜し出して、そこから相手に取り入るとともに、また相手を自分のなかに取り込む、〈摂取〉しようとする生き方である。

世は口をそろえて国際化を語る。しかし〈異質なもの〉と向き合い、〈異質〉への感覚をもち、しかもそれとともに生きる構えのないところで、国際化を語ることにどんな意味があるか。現在の日本の多くの若者たちも、異質と向き合うどころか、ますます自分と同質的な世界に逃げ込みつつあるのではないのか。

92　自分の視座

大人になって、長らく訪れることもなかったふるさとに久しぶりに帰り、かつて自分たちがよく遊び、時を過ごした小学校や神社の森をたずねてみると、幼い日の自分の眼には、とても大きく見えた校舎や社の建物が、意外に小さく見え、実はそんなに大きなものではなかったのだということを、若干の悲しみとほろ苦さとともに了解するのは、よくある話である。

それは、それ以降、広い世界のいろいろな場所も知り、また時代の推移とともに巨大な建物になれ親しむようになった現在の自分、そうした自分の歩みや経験に伴なった自分の記憶の変容でもあるだろう。しかしそれだけのことなのだろうか。今現にそこで遊んでいる小さな子どもたちにも、それらは実は、大きく見えているのではないのか。生物学者J・v・ユクスキュルは、「最遠平面」という概念を用いて、子どもと大人の「視覚空間」の相違を説明している（『生物から見た世界』）。いずれにしても、同じところに立っている子どもの眼と大人の眼には、まったく同じことが見えており、映っているわけではないのである。

そういうことは、生物学的側面にかぎらず、もっとちがう面でも現われる。異なる文化のなかで育った二人が、同じものを見たとしても、彼らに見えているものは必ずしも同じであるとはいえない。もっといえば、同じ文化のなかに育ったといっても、経験することは同じではないし、異なる経験をもてば、見る見方も、またその見方を通して見えるものも、ちがってきて当然である。

　となると、私たちがつねに心しなければならないことは、自分の眼に見えていることが、実は私という一人の人間の視座を通して見られているにすぎないのだ、ということを忘れないことである。いかに客観的にものを見ているといっても、それもまた一つの視座から見られていることには変わりはない。かといって、人間であるかぎり、あらゆる視座から眺めることなどは不可能というものである。だから問題は、自分がいつも自分というかぎられた視座からしかものを見ていないのだ、という意識をつねにもつことである。その痛切な自覚からのみ、自分とは異なる視座に対する鋭敏な感覚は生まれてくる。それがほんとうの〈知性〉というものであろう。「まわりに人なきが如く」傍若無人に振舞う人間に、そういう知性は決定的に欠如している。そしてそういうほんとうの〈知性〉は、実は、自分の眼に映っている動かしがたい「現実」をのり越えて、そこに見えない何かをありありと思い描くことができる〈空想力〉〈想像力〉と無縁ではない。生き生きとした〈想像力〉のないところに、生き生きとした〈知性〉などあり得ないのではなかろうか。

93　認識的な思いやり

ある書物にこうある、「本来のレトリックとは、私たちの認識と言語表現の避けがたい一面性を自覚し、それゆえに、もっと別の視点に立てばもっと別の展望がありうるのではないか……と探究する努力のことである。創造力と想像力のいとなみである」（佐藤信夫『レトリックの記号論』）。

百円玉も十円玉も、すべてコインは丸い。コインが自然に安定した状態に置かれているのを、人間の自然な角度から見れば、丸い球なのだから、「コインは円形だ」と言うのがまともというものである。しかしそのコインも、水平に眺めてみれば、薄い長方形のはずである。だから「コインは円形だ」と言うなら、同時に「コインは長方形だ」と言ってもよさそうなものだが、そんな言い方をすれば、わざとらしい、あまりまともな人間でない「天邪鬼」の発言だと切り捨てられるのがおちである。しかし現代の人間がコインを多用する各種の自動販売機では、まさにこの「コインは長方形だ」ということがいうことを利いている。「コインは円形だ」としか言えない精神では、あの長方形のかたちをしたコインの投入口を発想し、つくり出すことはむつかしかろう。

一個の林檎が地面に落ちるのを見て、「林檎が地面に落ちた」としか言えない精神も、それと同じことである。そういう言い方（見方）では満足できずに、さらに「林檎に向かって地面が迫ってきた」と言えるとしたら、その人は、もっと「林檎の気持ち」になれるだろう。すると何かちがうことが見えてくるにちがいない。ゲーテの詩（〈漁夫〉）に、人魚に恋して海に没する若い漁師を歌って、「なかば彼女が引き込み、なかば彼が沈んで行った」と結ぶのがあるが、ただ「落ちる」と言わずに、このように言えてはじめて見えてくる「人魚と漁師とのあいだに起こった出来事」というものがあるだろう。それらを見ながら、結局は「海に落ちた」だけではないか、としか言えない精神には、こんなものが見えてくることはない。そんな精神が何かを生み出すこともないだろう。自分の、通り一遍の言い方や、それと結びついた見方や視点だけを振りかざす人間には、想像力も創造力も欠如している。もっと別の見方や視点で、別の展望を求める、そしてそのために別の表現を求める、そこから何か新しいものが見え、新しいものが生み出される。

私たちの社会はしきりに「思いやり」の大切さを説く。しかしそれはつねに「心情的な思いやり」にとどまって、「認識的な思いやり」にまでなることはない。別の立場、別の視点に立てばどう見えるかを思い描く「認識的な思いやり」は極度に欠如している。大学が求めるべきは、こういう「認識的な思いやり」なのではなかろうか。

94　ほんとうの自分

まど・みちおの詩に、こんなのがある。

一とうだ　一とうだ／かけっこで　一とうだ
みんなに　いばると
みえない　だれかが／みえない　どこかで　わらいだした
あっはっはっは　えっへっへっへ
すもうは　よわいね／びりっこだね
びりっこだ／びりっこだ／かけっこで　びりっこだ
がっかり　してると／
みえない　だれかが／みえない　どこかで　わらいだした
あっはっはっは　えっへっへっへ
すもうは　つよいね／一とうだね

〔「みえない　だれかが」〕

かけっこで、一等になった、一等になったとのぼせ上っていると、どこからか、もう一つの声が聞こえてくる、すもうはびりじゃないか、と。しかし反対に、かけっこで、びりになって、穴があったら入りたいほど恥ずかしい思いに滅入っていても、もう一つの声が聞こえてくる、すもうは強いじゃないか、と。

かけっこで勝つのもいいが、それだけが世界ではない。すもうだってあるのだ。そして、スポーツだけが世界ではない。音楽だって、工作だって、そろばんだってある。しかも、早いだけが世界でもない。ゆっくり、ゆっくり、楽しむことだって、世界なのだ。やさしさだって世界なのだ。みんな一人一人、そのいろいろな自分を、いろいろな世界を大切にしたらいい。

なのに、どうして、私たちの世界は、そのさまざまな色合いの世界を、同じ色に染め上げて、その色一つで人と比較しないと気がすまないのか。せっかく努力して、自分では前学期よりもいい成績がとれても、いざ〈偏差値〉ということになれば、クラスのみんなの平均が上がっていれば、元の木阿弥だ。そうなると、自分自身がどうかよりも、見えない他人との比較だけが問題になる。今や私たちには、身の回りの必要なものは、だいたい揃ってしまった。そこで商品の〈差別化〉が叫ばれる。商品の内容そのものはほとんど変わりないのに、そこにいかに他と異なる機能や外観を与え、購買意欲をかき立てるかを競う。そうなると、その商品自体の内容ではなく、いかに他とちがうかだけが問題になるのだ。

そんな世界では、人間についても、自分自身の意味などよりも、ひととどうちがうかだけが問題になる。そんな自分がほんとうの自分なのだろうか。

95　人はひとりである

以前にテレビの公共広告で、自分の不法駐車を見とがめられたおばさんが、逆に、「みんなもやってるやないか」と、荒々しい大阪弁で、取り締まり警官にくってかかるというのが、評判をとった。人の意表をついて、大当たりをとった広告マンは得意だろうが、心を逆なでにされたようなわだかまりは今も消えない。

くってかかるとまではゆかないにしても、私たちの多くも、自分が何かの取り締まりにあうと、心のうちできっと同じようなことを考えているのではないか。言い返すまでの勇気はないが、胸のうちでは「何も俺だけではない。誰もやっているではないか」とつぶやきながら、見つかった自分の不運をかこつのが通例である。不法駐車しかり、速度違反しかり、何も車にかぎったことではない。私たちの社会では、疑惑を追及された政治家も、「何も私だけではない」と言い抜け、いよいよとなると「誰でも政治には金がかかる」と居直る。遊び呆けた学生も、それをなじられると、「みんなやっていることじゃないか。なぜ僕だけが……」とつぶやく。小学生も、何か注意を受けると、「僕だけじゃない。みんなやってる」と周りを見回す。このように私たちの社会は、大人から子どもまで、何か自分の非が責められると、「自分だけじゃない。みんなやってる」と言い逃れてことをすませようとする。

たしかにやっているのは、その人だけではない。ほかにも同じことをやっている人はたくさんいる。しかしだからといって、みんながみんなやっているわけではない。ところが「みんなやってる」「みんなやってる」と、他人に対し、また自分自身に対し言い逃れをしているうちに、いつのまにか、それを〈自分〉がやったのだということも棚上げにされてしまい、そうなると自分の不運だけが見えてきて、まるで自分が被害者か何かのようにさえ錯覚するに至る。しかし、たとえほかの多くの人が同じことをやっているにしても、それをやったのが自分であるということは消えることはないのである。

「われわれが、われわれと同じ仲間といっしょにいることで安んじているのは、おかしなことである。彼らは、われわれと同じに惨めであり、われわれと同じに無力なのである。彼らはわれわれを助けてくれないだろう。人はひとりで死ぬのである。」（パスカル『パンセ』フランシュヴィック版　二一一）

「みんな」「みんな」と、仲間と同じであることに安心していても、彼らは私を助けてくれることはできない。人はひとりである。死にかぎらず、人生の大切な問題に対しては、仲間たちと「道連れ」はできないのである。「みんな」「みんな」という言い逃れはきかず、〈自分〉はどうなのかを問われるときがくる。

96　価値の多元化

何かというとすぐに、現代という時代においては、〈価値〉は多元化し、〈価値観〉は多様化していると、鸚鵡返しのように語られるのがつねである。

テクノロジーによって、現代の人間には多くの選択が可能になった。住居にしても、食べものにしても、昔に比べれば、はるかに多くの可能性が生み出され、選択の幅が拡がった。着ているものも、実にさまざまな素材、さまざまなスタイル、そしてときには、もはや服装とも言えないほどに奇抜なデザインまであって、しかもそれらのどれを選ぶことも、私たちの社会では基本的に許容されている。

こういうことは、あらゆる場面で進行している。その最先端は、性にかかわる領域であろう。少し前までは、ある年齢になると結婚するのがあたりまえであり、その相手は同国人で、そして早く子どもを産むというのがまともであった。しかし今や、結婚そのものがあたりまえとは言えないものになり、国際結婚ということばが死語になるほどに異民族間結婚は常態化し、子どもを望まない夫婦はまともではないなどとは言えなくなった。夫婦間の役割の理解もさまざまだし、さらに性の転換や、同性間の性的関係まで許容されつつある。この傾向がとどまることはあるまい。

伝統的な社会では、物事はこうするもので、ああするものではない、結婚はこうするもの、子どもはこうして育てるもの、生活はこうしてやってゆくものといった枠が、意識するといなとを問わず、存在していて、人々はそれによって枠づけられると同時に、またその枠によって安心してもいられたのである。しかしわれわれ現代の人間には、そういう準拠すべき枠はもはやないといってよい。現代人は、いわば無限ともいえるほどさまざまなライフスタイルのなかから、一つを選ぶことができるし、また選ばなければならなくされているのである。

こう見ると、現代において価値は多元化し、価値観は多様化しているというのがもっともに聞こえる。しかし疑問がよぎる。多元化し、多様化したはずのわれわれの社会で、たとえば、なぜこれほどまでに受験競争が過熱しえたのか？　価値が多元化しておれば、「偏差値」などという一元的な物差しが力をふるうこともないはずだし、親子一体で受験に血道を上げることなどありえないはずではないか。今の日本の社会で育つ子どもたちが、多元性や多様性を前にして「選択」しているとでもいうのだろうか。むしろ偏差値やらその他のものによって一元的に自分の進路を決めてもらっているのではないのか。偏差値を悪者呼ばわりする前に、それによりかかって選択を回避していることの方が問題だ。やれ多元化し、多様化したといいながら、その実、人は、その多元性にほんとうに直面する「選択」からの逃走を図りつつあるのではないのか。

97　知的な忍耐

現代のカトリック・キリスト教を代表する思想家の一人K・ラーナーは、ある受賞講演のなかで、現代のわれわれに必要なのは、〈知的な忍耐〉であると述べている。

昔の時代に比べると、われわれの時代は、知とか知識の面で、決定的にちがった状況に立たされている。こんにちほどに、人間が多くの事柄を知っていた時代は、いまだかつてなかったであろう。たとえば人間一つとっても、それについて現代の人間は、遺伝のメカニズムをはじめとして、かつては思い及ぶことさえなかった大量の科学的知見を手に入れている。それればかりではない。人間の社会的行動のメカニズムについても、心理的メカニズムについても、莫大な知を獲得している。そのように〈現代の人間〉は、かつての人間とは比べものにならぬほどに莫大な知識（あるいは情報）の集積を手中にし、しかもその知の集積は、一日も休むことなく、きょうも拡大の一途を辿っているのである。このことに疑いの余地はないであろう。

しかしそれでは、そのように莫大な知の集積をもち、今なお休むことなくそれを拡大し増加し続けているとされる、その〈現代の人間〉とはいったい誰のことを言っているのだろうか？　こうあらためて問うてみると、途端に行き詰まるはずである。ふり返って考えれば、「私」はとてもそんな莫大な知を所有してなどはいない。さりとて「あなた」が所有しているわけでもない。さらには「科学者」はどうなのかといっても、その人のきわめて狭い専門領域に関しては多くを知っているにしても、その知の量など、〈現代の人間〉が手中にしている知の集積の総体に比べれば、砂粒にもあたらないほどに微量なものでしかないだろう。つまり、〈現代の人間〉はとてつもないほど多くのことを知っている。それはたしかである。ところが、その現代に生きている具体的な人間はとなると、誰をとってみても、その人が自分自身のことを錯覚していないかぎり、「私はその莫大な知の集積を手中にしている」などと言える者なんかは、ただの一人もいないのである。

これがわれわれ現代の人間が置かれている状況である。われわれの前には莫大な知の集積があり、日夜それは拡大し増加し続ける。しかしわれわれが手中にしうる知は、それに比べれば、絶望的なほどに少ない。その量に比べれば、われわれはほとんど何も知らないに等しいことを、いやでも認めざるをえない。

しかしながら、その莫大な知の集積に眼をふさいで、狭い〈私〉への逃亡を図ることで、ことはすむのだろうか。いな、今われわれに求められているのは、その莫大な知にいかに耐えるか、その〈知的な忍耐〉なのではなかろうか。

98　流れに抗して

森岡正博『生命学への招待』は生命倫理の領域での注目に値する業績であった。森岡氏はその後『脳死の人』などの問題作を世に問うているが、今秋には、生命倫理の問題を、環境倫理の問題までふくみ込んで、生命観の問題として取り上げる『生命観を問いなおす――エコロジーから脳死まで』を書いている。

その一節にはこういうふうに書かれている。「臓器移植とは、他人の臓器をもらってまでも自分が生き続けたいという〈エゴイズム〉を、みんなでサポートしてゆく行為です。そこには、生への執着、生きたいという欲望への執着があります。」「臓器移植は、提供者の人類愛を活かす行為だとよく言われます。たしかに、そういう面はあります。しかし同時に、臓器を受ける側には、臓器をもらってまでも自分が生き延びたいというエゴイズムと、生への執着があるのです。」「臓器を受ける側のエゴイズムや生への執着については、公の場所では、いままでほとんど語られることがありませんでした。しかし私は、この点に、徹底してこだわりたいと思います。」

もちろん「臓器を受ける側のエゴイズムや生への執着」を指摘するからといって、森岡は単純に臓器移植に反対しているのではない。考えてみれば、私たち自身すべてが、ほかの生き物の生命を奪うことによってしか、一日たりとも生きては行けないのである。ほかの人たちの仕事のおかげで、私たちはたいていは、自分の手で生きている生命を殺して食わなくてもすみはするが、しかしそのことは、私たちが日々ほかの生命を奪いながら生きていないということではない。そういうかたちでは、私たちもみな、ほかの生き物の生命をもらってまでも自分が生き続けようとして、日々生きているのである。とすれば、先に言われた「エゴイズムや生への執着」というものは、何も臓器を受けとるレシピエントだけの問題ではありえない。すべての人間の生命というものがかかえている問題でもある。

だがすべてそうだからといって、その「生への執着、生きたいという欲望への執着」という問題を、手放しで容認し、そのまま流し去っていいというわけではない。愛の行為だの、慈悲の行だのと言って、そこにひそんでいる問題には頬かむりを決め込んでいる今の脳死論議や移植論議には、どこか人間の生命がかかえている問題から目をそむけ、それをすり抜けているところがある。臓器を受ける側のもつこうした問題を認めた上で、それを自分自身の生命の問題として考え、その問いのもつ重さを、レシピエントとともにかかえつつ考えること、そのことが大切なのではなかろうか。

引用・参考書目

聖書からの引用・参照は、現行の新共同訳ではなく、日本聖書協会一九五五年改訳版によっており、引用略号などもそれに準じている。

R・M・リルケ『若き詩人への手紙　若き女性への手紙』高安国世訳、新潮文庫
犬養道子『私のヨーロッパ』新潮選書
『人間の大地』中央公論社
『渇く大地――人間の大地第二部』中央公論社
Th・ボヴェー『時間と自由』武居忠通訳、ヨルダン社
鈴木孝夫『日本語と外国語』岩波新書
『ことばと文化』岩波新書
P・L・トラバース『帰ってきたメアリー・ポピンズ』林容吉訳、岩波書店
ディオゲネス・ラエルティオス『ギリシャ哲学者列伝　中』加来彰俊訳、岩波文庫
『般若心経・金剛般若経』中村元・紀野一義訳注、岩波文庫
F・ベーコン『ノヴム・オルガヌム』桂寿一訳、岩波文庫

飯沼二郎『見えない人々』アルパ新書、のち増補改訂版『見えない人々――在日朝鮮人』日本基督教団出版部、所収
寺山修司『幸福論』筑摩書房、のち『寺山修司著作集』4、クインテッセンス出版、所収
井上洋治『私の中のキリスト』主婦の友社
『余白の旅』日本基督教団出版局
芥川龍之介『蜘蛛の糸・トロッコ・杜子春ほか』岩波文庫
星野富弘『《花の詩画集》鈴の鳴る道』偕成社
V・E・フランクル『死と愛――実存分析入門』霜山徳爾訳、みすず書房
木村利人『いのちを考える――バイオエシックスのすすめ』日本評論社
サン・テグジュペリ『星の王子さま』内藤濯訳、岩波書店
K・ジブラーン『生きる糧の言葉――人生のみちしるべに』岩男寿美子訳、三笠書房
のちに神谷美恵子による名訳（『うつわの歌』みすず書房、のち角川文庫『ハリール・ジブラーンの詩』所収）が出ている。
藤本とし『地面の底がぬけたんです――ある女性の知恵の七三年史』思想の科学社
種田山頭火『定本山頭火全集』2、春陽堂
V・E・フランクル『時代精神の病理学――心理療法の26章』宮本忠雄訳、みすず書房
神谷美恵子『こころの旅』日本評論社
谷昌恒『ひとむれ――北海道家庭学校の教育』評論社
M・エンデ『モモ』大島かおり訳、岩波書店

Th・ボヴェー『時間と自由』前出
暉峻淑子『豊かさとは何か』岩波新書
O・Fr・ボルノー『時へのかかわり――時間の人間学的考察』森田孝訳、川島書店
G・マルセル「希望の現象学と形而上学にかんする草案」山崎庸一郎訳、『旅する人間』所収、春秋社
S・ヴェイユ『神を待ちのぞむ』田辺保・杉山毅訳、勁草書房
K・ヤスパース『実存開明〔哲学Ⅱ〕』草薙正夫・信太正三訳、創文社
ドストエフスキイ『カラマーゾフの兄弟』小沼文彦訳、『ドストエフスキイ小説全集』10、筑摩書房
M・ブーバー『我と汝・対話』植田重雄訳、岩波文庫
N・ベルヂャーエフ『現代における人間の運命』野口啓祐訳、現代教養文庫、社会思想社
E・フロム『愛するということ』懸田克躬訳、紀伊国屋書店
E・H・エリクソン『洞察と責任』鑪幹八郎訳、誠信書房
R・ニーバー『義と憐れみ――祈りと説教』梶原寿訳、新教出版社
ソポクレス『オイディプース王』岡道男訳、『ギリシャ悲劇全集』3、岩波書店
K・マルクス『ユダヤ人問題によせて・ヘーゲル法哲学批判序説』城塚登訳、岩波文庫
時実利彦『人間であること』岩波新書
A・ゲーレン『人間――その本性および世界における位置』平野具男訳、叢書ウニベルシタス、法政大学出版局
高田博厚・森有正『ルオー』筑摩書房
E・H・エリクソン『ライフサイクル――その完結』村瀬孝雄・近藤邦夫訳、みすず書房

I・カント『人間学』山下太郎訳、『カント全集』14、理想社
福田定良『宗教との対話』法政大学出版局
中村雄二郎『哲学入門』中公新書
谷昌恒『ひとむれ』前出
松原謙一・中村桂子『生命のストラテジー』岩波書店
中村桂子『生命誌の扉をひらく――科学に拠って科学を超える』哲学書房
『生命科学から生命誌へ』小学館
V・E・フランクル「還元主義とニヒリズム――次元人類学の立場から」本吉良治訳、A・ケストラー編著、
池田善昭監訳『還元主義を超えて』工作舎、所収
朝永振一郎『物理学とは何だろうか　下』岩波新書、のち『朝永振一郎著作集』4『科学と人間』みすず書房所収
C・Fr・v・ヴァイツゼッカー『時は迫れり――現代世界の危機への提言』座小田豊訳、法政大学出版局
R・v・ヴァイツゼッカー『荒野の四十年』永井清彦訳、岩波ブックレット
M・ピカート『われわれ自身のなかのヒトラー』佐野利勝訳、みすず書房
R・v・ヴァイツゼッカー『荒野の四十年』前出
石原吉郎『望郷と海』筑摩書房
V・E・フランクル『夜と霧――ドイツ強制収容所の体験記録』霜山徳爾訳、みすず書房
のちに新版からの新訳『夜と霧〈新版〉』池田香代子訳、みすず書房、がある
ドストエフスキイ『死の家の記録』小沼文彦訳、『ドストエフスキイ小説全集』4、筑摩書房
R・M・リルケ『若き詩人への手紙』前出

石井美紀子『神の道化師――聖ヨセフの肖像』白水社
森有正『生きることと考えること』講談社現代新書
高史明『生きることの意味――ある少年のおいたち』ちくま少年図書館、のちちくま文庫所収
『一粒の涙を抱きて――歎異抄との出会い』毎日新聞社
森有正『生きることと考えること』前出
大塚久雄『生活の貧しさと心の貧しさ』みすず書房
礒山雅『J・S・バッハ』講談社現代新書
『バッハ＝魂のエヴァンゲリスト』東京書籍
森有正『バビロンの流れのほとりにて』筑摩書房
のちに『森有正エッセー集成』1、ちくま学芸文庫にも所収
吉原幸子『現代の詩人12　吉原幸子』中央公論社
まど・みちお『まど・みちお　全詩集』伊藤英治編、理論社
高史明『いのちの優しさ』筑摩書房、のちちくま文庫所収
高史明・岡百合子編『岡真史詩集――ぼくは12歳』筑摩書房、のちちくま文庫所収
飯島宗享『逆説――この譲れないもの』日本ＹＭＣＡ同盟出版部
武田泰淳『ひかりごけ・海肌の匂い』新潮文庫
椎名麟三『信仰というもの』教文館
谷口隆之助『聖書の人生論――いのちの存在感覚』川島書店
J・ピーパー『希望について』（J. Pieper, Über die Hoffnung. Kösel-Verlag）

三橋節子『雷の落ちない村』小学館
G・マルセル『旅する人間』前出
夏目漱石『夢十夜　他二編』岩波文庫
森洋子『ブリューゲルの「子供の遊戯」――遊びの図像学』未来社
E・フロム『生きるということ』佐野哲郎訳、紀伊国屋書店
波平恵美子『脳死・臓器移植・がん告知――死と医療の人類学』福武書店、のち福武文庫所収
A・ベルク『風土の日本――自然と文化の通態』篠田勝英訳、筑摩書房、のちちくま文庫所収
梅原猛『「森の思想」が人類を救う――二十世紀における日本文明の役割』小学館
P・L・バーガー『天使のうわさ――現代における神の再発見』荒井俊次訳、ヨルダン社
星野富弘『《花の詩画集》鈴の鳴る道』前出
上田閑照『生きるということ――経験と自覚』人文書院
V・E・フランクル『夜と霧』前出
ドストエフスキイ『死の家の記録』前出
C・レヴィ＝ストロース『野生の思考』大橋保夫訳、みすず書房
大田尭『教育とは何か』岩波新書
佐藤信夫『レトリック認識』講談社、のち講談社学術文庫に所収
J・B・マリノフスキー『西太平洋の遠洋航海者』寺田和夫・増田義郎訳、世界の名著72、中央公論社
土居健郎『「甘え」の構造』弘文堂
J・v・ユクスキュル、G・クリサート『生物から見た世界』日高敏隆・野田保之訳、思索社

前半部には、のちに新訳『生物から見た世界』日高敏隆・羽田節子訳、岩波文庫がある
佐藤信夫『レトリックを少々』新潮社、のちに『レトリックの記号論』と改題して講談社学術文庫に所収
J・W・ゲーテ「漁夫」生野幸吉訳、『ゲーテ全集』1、人文書院
まど・みちお『まど・みちお 全詩集』前出
B・パスカル『パンセ』前田陽一訳、世界の名著24、中央公論社
K・ラーナー「知的な忍耐について」(K. Rahner, Über die intellektuelle Geduld mit sich selbst. In: E. jüngel, K. Rahner, Über die Geduld, Verlag Herder)
森岡正博『生命観を問いなおす——エコロジーから脳死まで』ちくま新書
『生命学への招待』勁草書房
『脳死の人』東京書籍、のち福武文庫所収

断章Ⅰ（一九九二）

あとがき

本書は、かつて関西学院大学経済学部チャペルアワーの出席者に配布した私の文章を、ほぼ学年暦にそって整理し直し、それぞれ小冊子のかたちで『断章』（一九九二年）、『断章　続』（一九九四年）、『断章　Ⅲ』（一九九七年）として身近な人々に頒かったものを、このたび合冊したものである。そしてそれらはすべて、さらにそれよりも以前に、経済学部のチャペルアワーをはじめとして、教養課程の講義や演習などで語ったものにまで遡る。したがってこれらの文章は、主として関西学院大学経済学部新入一年度生を目あてとし、もっぱらそれら学生諸君たちに向けて、どこまでもその時々の状況のなかで考え、語ったことをのちに文章にしたものである。その点で、これらが語られ、また書かれた時点と現在とでは、とりわけその間の日本の社会心理的状況の大きな変化などを考えれば大きな隔たりがあるし、また取り上げているトピックスなどにしても、今日からすればout of dateな点も多々あり、躊躇を覚えなくもないが、しかしそれぞれの時点で、それらを通して私が問おうとしていた問題そのものについては、現在の私自身とも根本的に隔たるところはないし、また自分が語り書いたことに対してはその責任を負うという意味で、今般の刊行にあたっても、文意不明瞭な個所や措辞の最小限の手直しなどをのぞいて、できるだけ原形のままを保つこととした（聖書からの引用なども、あえてその時点のままにしてある）。

このように、これらはみな、もっぱらそれら経済学部の学生諸君を念頭におきつつ、考え、語り、書いてきたものであるが、しかし同時に私にとってそれらはすべてまたつねに、自分自身を問うことなしには決して語り得ないものでもあった。S・キルケゴールはあるところで次のように述べている、「誰も、自ら喜んでいる者以上に、よりよく喜びを教える者などはいない……どれほど喜びを伝えようと努めてみても、自らが喜んでいないなら、その教えは不充分である」(『野の百合と空の鳥――三つの宗教的講話』一八四九年)。喜びであれ何であれ、自ら生きてもいない者が何をどれだけ語ってみても、その語りにほんとうの力はない。自らが語り書くことを、私自身はどこまで生きているのかを問われ、その自分には今、何を、どこまで語れるのかを問われながらの日々でもあった。

妻道子は病を得て三十三歳で、小学三年生と幼稚園児を遺して早逝した。それ以来、遺された三人はいつもその事実を、それぞれの身に、それぞれのかたちで引き受けて生きるほかなくなった。私がここで語り書いたこともすべて、そうした日々を自分が生きるなかから生まれたものである。そしてそれらはまたつねに、日々の些末な日常の現実を共有しつつ生きている「もの言わぬ幼い者たちの眼」のきびしい検閲に自らを曝しながら、そこで「自分は今ここで、何を、どこまで、語り得るのか」を自らに問いながら、考え、語られ、また書かれたものでもあった。そしてそれはまたある意味で、今の自分自身をいかに納得させることができるのかという問題でもあった。その時々にあっては、私自身はわが身一つをどう生きるかに精一杯で、今にして想えば、幼い者たちが負いきれない重荷を、誰にも代わってもらえずに、それぞれのかたちで背負って生きていたのに、そのことにまで、充分な共苦（Mitleid）をもって、思い至る余裕などはとてもなかったことを痛感する。その意味でこれらを、その詫びもかねて、すでに成人し自立した娘たちに、遅ればせながらの応援歌として贈りたいと思う。しかしながら、あわせてまた同時に、これらの断章のいずれかが、たまたままさに今どこかでそれを必要としているひとりの卒業生を見出し、その人のもとにも届いて、現在の私からその人への心からの応援歌になるという僥倖に恵まれでもしたなら、私にとってそれほどに嬉しいことはない。

このたび纏めるにあたって、全体を通貫するものを表わそうとして、書名を『〈生かされ〉つつ〈生きる〉』とした。日本語としては少し捩じれた、通りのわるい表現で、「生かされて生きる」としたほうがまだ通りがよいだろうが、私の立場は、自らが生きることの背後につねにその自らが生かされてあることを見、しかしまた同時に、自らが生かされてあることの裏打ちとしてつねに自らが生きることを求めようとする立場、つまり他力のはたらきの優位のもとにおいてではあるが、生かされてあることと自ら生きることとを、どこまでもいわば啐啄同時的に考えようとする立場であるので、それを明らかにするために、あえて熟さない表現ではあるが「〈生かされ〉つつ〈生きる〉」とした。

なお本文中では一度も明示的に言及することはないが、私は学生時代以来ずっと、デンマークの思想家S・キルケゴールを通して、自らの思想形成をしてきたし、ここの文章の背後にもたえず、言わず語らずのうちに、肯定的否定的さまざまなかたちで、その余映がある。折しも今年はそのキルケゴールの生誕二百年にあたり、また私をその道へと導き入れられた故武藤一雄先生の誕生百年目にもあたる。私的な感懐としては、ちょうどその年に、貧しいものでしかないが、この刊行に至ったことに幸せを感じている。

出版にあたっては、本書の成立の経過からして私にはもっとも願わしく思われた関西学院大学出版会にご無理をお願いした。時代の流れにはとてもそぐわない、こうした内容の出版をお引き受けいただいたことに感謝を申し上げる。これらの文章を公表しはじめた当初から熱心に出版へのお勧めをいただいた方々もあったのに、私には期するものがあって、ずっとそれを謝絶し続けてきたけれども、今般思うところあって出版することにした。いちいち尊名を挙げることは差し控えるが、いろいろな機会を捉えては刊行を熱心に慫慂して下さった方々や、また今回の刊行にご助力いただいた方々に、そのお一人お一人の姿を脳裡に思い浮かべながら、心からの感謝を申し上げる。なお出版に際し、故水原律子氏を記念しての助成を得たことも感謝とともにあわせて記しておく。実際の刊行にあたり、関西学院大学出版会の編集長田村和彦氏のほか、田中直哉氏、松下道子氏らが示された細やかなご配慮とご労苦に対しても、深く感謝申し上げる。

二〇一三年六月

蓼科にて

著　者

著者略歴

林 忠良（はやし　ただよし）

1938年兵庫県生。1961年京都大学文学部哲学科卒業。1966年京都大学大学院文学研究科博士課程（宗教学専攻）修了。1998年関西学院大学経済学部教授（宗教主事）退任。関西学院大学名誉教授。

専攻　宗教哲学

論文　「キルケゴールにおける教育の問題」（『神学研究』関西学院大学神学部）､「キルケゴールにおける死の問題―序説」（共著『死の意味』新教出版社）､「キルケゴールにおける〈論理的問題〉」（『基督教学研究』京都大学基督教学会）、「キルケゴールにおける »Confinium« の問題」（『基督教学研究』）ほか。

共編　『いま経済学を学ぶ―経済と人間』（日本経済評論社）

〈生かされ〉つつ〈生きる〉

――よく生きる知恵：断章98――

2013年6月20日初版第一刷発行

著　者　林 忠良
発行者　田中きく代
発行所　関西学院大学出版会
所在地　〒662-0891
　　　　兵庫県西宮市上ケ原一番町1-155
電　話　0798-53-7002

印　刷　協和印刷株式会社

Printed in Japan by Kwansei Gakuin University Press
ISBN 978-4-86283-140-8

http://www.kwansei.ac.jp/press